Nova Ortografia:
Livro revisado de acordo com o
Novo Acordo Ortográfico da Língua Portuguesa.

Dados Internacionais de Catalogação na Publicação (CIP)
(Câmara Brasileira do Livro, SP, Brasil)

Tolstoi, Léon (Espírito)
Retratos de Nazaré / Léon Tolstoi [psicográfado [psicografado por] Cirinéia Iolanda Maffei.
Catanduva, SP: Boa Nova Editora, 2009

ISBN 978-85-99772-26-3

1. Espiritismo 2.Jesus Cristo - Interpretações espíritas
3. Psicografia I. Maffei, Cirinéia Iolanda.
II. Título.

09-03996 CDD-133.9

Índices para catálogo sistemático:
1. Literatura Espírita 133.9

Impresso no Brasil/*Presita en Brazilo*

Cirinéia Iolanda Maffei

ditado por Léon Tolstoi

Retratos de Nazaré

boanova

Instituto Beneficente Boa Nova
Entidade coligada à Sociedade Espírita Boa Nova
Av. Porto Ferreira, 1.031 | Caixa Postal 143
Catanduva/SP | CEP 15809-020
www.boanova.net | boanova@boanova.net
Fone: (17) 3531-4444

1ª edição
10.000 exemplares
Maio/2009

Capa
Direção de arte
Francisco do Espírito Santo Neto

Designer
Jéssica Ferreira Sales

Revisão
Maria de Lourdes Pio Gasparin

Editoração eletrônica
Jéssica Ferreira Sales

O produto da venda desta obra é destinado à manutenção das atividades assistenciais do Grupo de Estudos Espíritas Cairbar Schutel, de Porecatu, PR, e da Sociedade Espírita Boa Nova, de Catanduva, SP.

1ª edição: Maio de 2009 - 10.000 exemplares

Sumário

Prezados irmãos em Cristo

"Alegra-nos sobremaneira o lançamento do último livro do conjunto de quatro obras, cujo tema central repousa na excelsa figura do Mestre Jesus e seus encontros com aqueles a quem muito amou e ama: nós!

Durante três anos consecutivos, trabalhamos com nossa irmãzinha, preparando-a para as santificantes tarefas da mediunidade psicográfica, obtendo como resultado vinte e sete contos, relacionados a cada um dos capítulos de "O Evangelho Segundo o Espiritismo", excetuada a coletânea de preces. O material, obtivemo-lo com seres no Mundo Espiritual, nas mais variadas circunstâncias, alguns inclusive atualmente encarnados.

Reservando-nos pequenina parcela de vaidade literária, desejamos que os quatro livros possam ser encarados como uma obra uma, pequenina homenagem nossa, eterno pleito de Amor e Gratidão ao Codificador, Allan Kardec, cujo legado jamais será olvidado.

Léon Tolstoi

A criança órfã

"Traziam-lhe até mesmo as criancinhas para que as tocasse; vendo isso, os discípulos as reprovavam. Jesus, porém, chamou-as, dizendo: "Deixai as criancinhas virem a mim e não as impeçais, pois delas é o Reino de Deus." (Lucas, cap. XVIII, v.15 e 16).

"Disse o Cristo: "Deixai que venham a mim as criancinhas." Profundas em sua simplicidade, essas palavras não continham um simples chamamento dirigido às crianças, mas, também, às almas que gravitam nas regiões inferiores, onde o infortúnio desconhece a esperança. Jesus chamava a si a infância intelectual da criatura formada: os fracos, os escravizados e os viciosos."

"Queria que os homens a ele fossem com a confiança daqueles entezinhos de passos vacilantes, cujo chamamento conquistava, para o seu, o coração das mulheres, que são todas mães." (O Evangelho Segundo o Espiritismo, cap. VIII)

O Mestre jamais deixou de atender àqueles que o buscavam, à procura de alívio para as dores do corpo e da alma. Mesmo a distância, cada uma daquelas pessoas recebia o auxílio condizente com suas necessidades reencarnatórias. Amoroso, não obstante profundamente realista quanto às condições dos necessitados, sua compaixão excedia os medíocres parâmetros da compreensão humana. Muitos foram os curados fisicamente, contudo certamente superior foi o número daqueles que hauriram, nas iluminadas fontes de sua mensagem, o renovador alento para vivências presentes e futuras.

Os Evangelhos narram casos de criaturas

beneficiadas com a presença de Jesus, mas, durante os anos em que peregrinou pelas terras escolhidas para seu ministério, muitos foram os que dEle se acercaram sem que ocorresse registro de historiadores, mesmo porque, na maioria das vezes, a transformação obedecia a um progressivo e silencioso processo nos recônditos da alma, desencadeado pelo impacto da primeira centelha de luz advinda do Mestre, processo esse não detectável de imediato e de difícil comprovação. Quando a renovação interior culminava no desejo de servir, de auxiliar a multidão de aflitos em nome de Jesus, os redivivos dedicavam-se de corpo e alma à tarefa despretensiosa, anônima e abençoada.

Narrativas belíssimas perder-se-iam se não fôssemos autorizados a relatá-las sob beneplácito maior; chegaram-nos através de espíritos abnegados, que ainda hoje porfiam na Seara do Nazareno, continuando a propagar a Boa Nova, mais de dois mil anos decorridos na ampulheta inexorável dos tempos. Foram protagonistas ou testemunhas e jamais olvidaram o doce e surpreendente encontro com Jesus. Relatando instantes de suas vidas, resgatamos a memória histórica do Mestre junto àqueles a quem tanto amou, os seus pequeninos, alguns até cercados pelos faustos mundanos, embriagados pelas douradas ilusões do ouro, da juventude, da beleza, todavia pequenos em sua infância espiritual, sofredores, incompreendidos, mergulhados em triste cegueira da alma, perdidos, crianças...

Durante o dia, multidões iam ao seu encontro. Aleijados, paralíticos, cegos, leprosos, cancerosos, endemoninhados...

À noite, à hora do merecido e necessário descanso, costumava reunir-se no interior de casas simples e acolhedoras, à beira da praia ou sob generosas árvores, com aqueles que lhe eram mais chegados, refazendo-se e levando-lhes profundos e libertadores ensinamentos, explicações sobre fatos e ocorrências sob a ótica divina. Constituíam momentos especiais, pois podiam desfrutar de sua presença, conversar intimamente, tirar dúvidas, aprender, asserenar as palpitações angustiosas que constrangiam suas almas. O Mestre servia-se do alimento frugal, matava a sede, derramava sua doutrina luminosa, cristalinas gotas sobre espíritos que pressentiam a realidade de uma Vida Maior.

A todos recebia com amor, não lhes perguntando o porquê de seus erros, dispensando inúteis julgamentos e condenações. Suas palavras secavam lágrimas e abriam caminhos de esperança para os aflitos, possibilitando redentores recomeços. Às vezes, quando o desespero eclodia, ultrapassando os limites dos ditames sociais, expondo emoções e sentimentos represados, subitamente levados a público ante os olhares estupefatos e indignados de muitos, Ele somente escutava, divino terapeuta, médico de almas, excelso conhecedor da natureza humana. Em seus compassivos olhos, a imorredoura mensagem: "Aquele que se julgar sem pecado atire a primeira pedra..."

Depois, ao final de dolorosas entrevistas, confiante na potencialidade da criatura em infortúnio, esperançoso e gentil, proferia o salutar conselho: "Vai e não tornes a pecar, para que não te suceda mal maior..."

Mãos amorosas, compreensivo sorriso, postura plena de paz e confiança... Jamais uma queixa, uma cobrança menos respeitosa, um julgamento acerbo...

Paciência, resignação, tolerância, caridade, amor! "O amor cobre a multidão dos pecados."

Para Ele, nunca seria tarde demais, sempre haveria recomeço, novas aprendizagens, esperança...

Como esquecer Jesus? Alguns tentaram, esforçaram-se por séculos, todavia finalmente se renderam à doce Presença do Amigo a esperá-los, aguardando pacientemente o cumprimento das etapas evolutivas, através de sucessivas reencarnações.

Aquele fora um dia extenuante, ao qual o calor acrescentara adicional peso; a noite caíra há algumas horas e uma aragem fresca agitava as frondes das velhas árvores sob as quais se abrigavam.

Haviam comido o peixe preparado sobre pedras, junto à fogueira, e o pão que algumas mulheres levaram até eles. O lume iluminava-lhes os exaustos rostos... Acima, as estrelas e um céu de profundo e escuro azul...

Pensativo, o Mestre fitava as fagulhas que se desprendiam, os cabelos incendiados pelos clarões do fogo, a face bela e serena. Temiam todos interromper-lhe o rumo dos pensamentos, embora ansiassem por sua insuperável conversa.

De repente, uma criança atravessou a escuridão da noite, vencendo o espaço que a separava do Mestre, qual fulgurante estrela cadente, aterrissando em seu colo, ali se aconchegando, os olhinhos súplices, as mãozinhas sujas agarradas ao manto daquele Homem. Alguns se precipitaram, intentando afastá-la do Messias, temendo que sua presença pudesse causar-lhe incômodo.

Que buscasse os seus! Afinal, de quem seria aquela criança?!

As mãos do Mestre atraíram-na, sorrindo do encantamento e dos temores do menino, visivelmente resguardando-o da iminente expulsão.

O menino fitava o Homem. Ouvira dele falar durante todo o dia! Chegara à aldeia misturado ao poviléu, e as histórias pareciam mágicos contos; enquanto houvera luz, em vão tentara aproximar-se, frustrado pela quantidade de pessoas que disputavam, aos empurrões, a chance de chegar perto do Rabi. Decepcionado, esperara a noite surgir e os últimos solicitantes partirem, seguindo a distância o grupo de discípulos e o Mestre, tomando cuidado para não ser visto, na expectativa do momento oportuno de se aproximar. A vegetação servira-lhe de esconderijo; observara-os comendo e depois Ele, o seu Estranho, deixara-se ficar, os olhos nas chamas. Parecera-lhe o instante adequado e, num assomo de coragem, correra até Ele, enlaçando-o com seus bracinhos magros, as mãos agarradas às vestes, nelas imprimindo a marca dos dedos que há muito não viam água!

Olhando-o de perto, a criança constatou que se enganara... Distante, a luz que o envolvia parecia vir das labaredas da fogueira, mas ali, bem de pertinho, no aconchego de seu colo quente, percebia que dEle emanava aquela claridade linda... Se apagassem o fogo, ainda assim Ele estaria envolto em luz!

Os olhos do menino demoravam-se no Mestre e um amor imenso inundava-lhe o solitário coraçãozinho. Os olhos claros do

Rabi sorriam, embora sua boca se mantivesse séria, guardando até um traço de tristeza e compaixão. As mãozinhas avançaram a medo, tocando a barba macia... O coração pulsava apressadamente e uma sensação de bem-estar e segurança envolvia o pequenino... Tão bom ficar ali, ao abrigo daquele Homem... Como o chamavam mesmo? Rabi, Jesus... Quem sabe com Ele poderia seguir...

As mãos do Mestre partiram o pão que restara, oferecendo-o à criança. Depois, livrando de espinhos generosa posta de peixe, estendeu-a, ordenando que comesse. A face de Jesus, de inexcedível beleza, estava agora iluminada por doce sorriso.

– Como te chamam, menino?

– Eliasib, Mestre! Eli, assim minha mãe me chamava...

Após a refeição sofregamente engolida, conversou com a criança. Ouviu que a mãe havia morrido há algum tempo e do pai jamais soubera. Vivia de aldeia em aldeia, pedindo às portas, alimentado por poucos, escorraçado por muitos. Quando não tinha o que comer, roubava. Antevendo reprovação, rapidamente tratara de acrescentar:

– Sim, Rabi, sei que não é certo roubar, minha mãe me ensinou... Mas o Senhor não sabe como é difícil estar com a barriga vazia... Dói, Mestre! Ela ronca... Não dá nem para dormir!

Relatou passar as noites sob as estrelas ou em algum celeiro, supremo conforto, com direito de utilizar os fardos como colchão e travesseiro, abrigando-se dos animais noturnos. Contudo, nem sempre dispunha de tais luxos...

O Mestre escutava, sem nada acrescentar ou indagar. Ansiosos por suas lições, alguns começaram a reclamar da presença daquela criança que lhe monopolizava a atenção, desviando-o da conversa com os demais e de assuntos de maior relevância.

Alheio ao desagrado dos circunstantes, recebendo do fascinante Estranho inabitual atenção, o pequeno continuava a tagarelar, ingenuamente relatando detalhes de sua atribulada vida.

A mãe morrera, vítima de uma doença cujo nome ignorava. Ficava febril, tossia sangue... Provavelmente alguma febre adquirida nas andanças pelo mundo... Lembrava-se dela com carinho e saudade! Mesmo quando não tinham pão ou teto, em seus braços adormecia, ao som de cantigas populares. Era muito, muito bonita, e talvez por isso as mulheres a enxotassem furiosamente das vilas, pouco durando o almejado sossego. Muitas vezes perguntara sobre o pai, mas ela sempre chorava e, assim, abandonara de vez o assunto, evitando vê-la magoada, triste.

O Mestre limitava-se a balançar a cabeça de quando em quando, manifestando sua atenção. Com o manto envolveu a criança, protegendo-a da friagem noturna, acomodando-a melhor. A vozinha foi diminuindo, lacunas cada vez mais longas permearam a narrativa, até que o menino adormeceu.

Olhos indagadores fitavam-no. Aguardavam seus ensinamentos!

Naquela noite, o Mestre contou uma história comum, corriqueira...

Uma jovem simples e ingênua apaixonara-se por belo rapaz, elegante e sedutor, filho de proprietário rural de relativas posses. Acreditara nas palavras de amor e nas juras do envolvente e insensato moço, entregando-se de corpo e alma ao sentimento...

..*

Galileia, sete anos atrás...

A pequenina aldeia rebrilhava ao sol da manhã quando se encontraram pela primeira vez...

Percorrendo o caminho ladeado de luxuriante vegetação, os distantes campos entregues ao vento, ondulando mansamente na manhã clara e perfumada, a jovem seguia, carregando à cabeça pesado pote, caminhando com cautela para não entornar o precioso líquido. Ainda restavam muitos metros para alcançar o lar, humilde construção em encantador outeiro, de onde se podia divisar a vila com seu casario baixo, cercado por floridos arbustos.

Suspirando corajosamente, a mocinha melhor acomodou o peso sobre a rodilha de pano, acertando-o com as mãos ágeis e seguras. Apertando o passo, logo estaria em casa!

Uma figura parada junto ao caminho, assentada sobre grande e chata pedra, chamou-lhe a atenção. De longe, impossível definir as feições... Inquietou-se, temendo alguém mal intencionado. Receosa, prosseguiu, forçando o passo, enquanto traçava rápido plano de defesa:

– Se ele fizer alguma graça, quebro-lhe o pote na cabeça e corro! Um bom banho de água gelada do poço e a cabeça partida bastarão para deixá-lo mais tranquilo...

Os pressentimentos desagradáveis desapareceram ao chegar mais perto e deparar com bem vestido jovem, de belas feições e altaneiro porte. Segurava um dos pés, envolto em improvisada atadura, rasgada das vestes, com certeza, gotejando sangue. Embora comprimisse a ferida, o sangramento persistia, evidenciando a gravidade da situação.

Compadecida, a menina estacou, depôs o vaso de barro e, desamarrando o véu que lhe cingia os cabelos, rasgou-o, umedecendo uma das partes com a fresca e límpida água. Aos pés do rapaz, limpando o nada bonito ferimento, enorme e profundo talho provocado pelas cortantes arestas de uma pedra, murmurava:

– Não para de sangrar... Se continuar assim, estás em uma enrascada, senhor!

O rubro líquido continuava a minar... Os olhos da mocinha percorreram a mata circundante, localizando viçosa folhagem, da qual rapidamente extraiu algumas folhas largas e longas, macerando-as sobre uma das rochas com o auxílio de jeitoso pedregulho, depondo a esverdeada e sumarenta massa sobre a ferida, tendo antes o cuidado de secar novamente o sangue, que escorria aos borbotões. Pressionou por alguns minutos o ferimento, até que a hemorragia cedesse, envolvendo então o inchado pé com o restante do tecido, em improvisado e hábil curativo. Após algum tempo, uma expressão de alívio tomou conta da fisionomia contraída do rapaz, e ele suspirou:

– Bendita sejas! Julguei esvair-me em sangue, sem que ninguém passasse por aqui, morrendo sem socorro! Maldita montaria! Assustou-se com um animal selvagem, jogando-me da sela... Quando dei conta de mim, estava no chão! Por azar, cai sobre aquela pedra pontiaguda, aquela ali, estás vendo? Rasgou meu pé, como se fosse afiado punhal! O animal, assustado com meus gritos de dor e raiva, fugiu em desabalada carreira... A essas horas, deve estar no rumo das terras de meu pai!

Silenciou momentaneamente, amparando a cabeça, prosseguindo:

– Estou tonto... Que puseste na ferida? Sinto o pé todo formigando, a dor foi embora... Parece que o talho fechou... Não sangra mais!

Olhando o moço, reparando nas barras sujas de sangue de suas caras vestes, deixou-o falar, limitando-se a admirar os contornos fortes do belo rosto, os olhos escuros velados por longos cílios, os dentes alvos e perfeitos, revelados no sorriso cativante.

– Nada fiz, senhor, a não ser utilizar uma planta medicinal. Quase todos na aldeia a conhecem... Sabemos de suas poderosas propriedades... A dor passa na hora... Uma beleza! Além do mais, ela estanca o sangue e ajuda na cicatrização...

O jovem escorregou da pedra, estirando-se sobre a relva. Ali o sol não chegava, pois grande árvore estendia sua sombra. Exausto, fechou os olhos, sentindo tudo rodar à sua volta. Um suor frio e pegajoso molhava-lhe o corpo e profunda prostração invadia-o. Esquecendo a presença da moça, adormeceu profundamente.

Temendo deixá-lo à mercê de animais selvagens, a jovem decidiu esperar, acomodando as costas contra o tronco da grande árvore, aguardando com paciência seu despertar. Esquecera de dizer: a planta costumava derrubar o doente em incontrolável e reparador sono...

Suaves brisas agitavam as folhas... Pássaros cantavam harmoniosamente... Judite bem que tentou manter os olhos abertos, mas terminou adormecendo, segurando a mão do belo estranho...

As horas decorreram, ambos entregues ao sono. No silêncio da tarde, súbito tumulto de montarias e de vozes preocupadas despertou-os. O moço alegrou-se, exclamando:

– Até que enfim! Ei-los que chegam para me buscar! Quanta demora! Não fosses tu, ter-me-ia finado neste fim de mundo!

Os criados rapidamente o acomodaram sobre a sólida carroça, solicitando à moça que também subisse, pois a deixariam em casa. Tímida, observando a deferência com que os serviçais o tratavam, intuindo tratar-se de alguém de muitas posses, obedeceu rapidamente, até porque breve anoiteceria e o sítio estava distante ainda.

Mãe e irmãos aguardavam-na aflitos, sem nada entender, contemplando a inesperada comitiva.

– Onde estavas, Judite?! Logo os homens chegarão do campo... Esperava por eles para te procurarem, não posso deixar os menores sozinhos em casa!

Um dos servos tratou de explicar a situação, pois o jovem estava novamente adormecido, o pé ainda envolto pelas esmagadas folhas, o sumo esverdeado manchando o pano que um dia fora seu véu de cabelos...

Seguiram pela estrada e ela sentiu-se estranhamente vazia, uma sensação de perda no coração, uma saudade... As lágrimas umedeceram-lhe os cílios e rapidamente tratou de enxugá-las, ocultando-as dos familiares.

Dias se passaram. A lembrança do jovem povoava-lhe a mente em todos os minutos e uma cruel certeza invadia seu coraçãozinho, torturando-o:

– Nunca mais o verei!

Meses após, no mesmo caminho, carregando a mesma vasilha, avistou-o, em displicente espera, encostado à mesma árvore. Subitamente encabulada, abaixou os olhos, sentindo os pés pesarem como chumbo e o corpo trêmulo. O grande pote de barro oscilou e a água se derramou, molhando-lhe o corpo. Assustada, arrumou-o, fazendo retornar o equilíbrio. Quase em frente ao jovem, levantou os olhos, deparando com brincalhão sorriso:

– Para falares comigo, terei que estar ferido? Devo-te muito, minha menina, pois o médico disse que tua intervenção precisa e rápida livrou-me de sérios problemas, talvez da morte... Quem diria! Trouxe algo para ti, em sinal de meu reconhecimento! Achei que gostarias... Escolhi dentre os mais bonitos, podes crer! Que achas?!

Do alforje pendurado à montaria, retirou uma peça de finíssima seda, abrindo-a diante dos extasiados olhos da menina: lindo véu azul, bordado e rebordado com fios de prata!

– Para substituíres aquele com que enfaixaste meu pé ferido, minha princesa!

Não dando tempo para recusas ou agradecimentos, envolveu os cabelos da jovem com o cetinoso tecido, após desvencilhá-la do pesado pote de barro.

– Ficou muito bem em ti... Muito melhor do que o outro... Realça tua beleza, esses olhos escuros, os cabelos negros... E esse rostinho corado...

Diante do embaraço da menina, desviou a conversa para outros rumos:

– Tua mãe, teus irmãos... Ficaram bravos com a prolongada ausência naquele dia?

– Para falar a verdade, minha mãe achou melhor esquecer a história, pois meu pai é muito severo...

– Ah... Esqueci de me apresentar! Tobias, aos teus pés, bela princesa!

Conversaram. Soube que o moço morava em vizinha aldeia, estando de passagem por ali, ao retornar de uma viagem de negócios, naquela quase fatídica manhã.

– Vim para te ver e agradecer, o que não fiz satisfatoriamente no dia do acidente, pois a planta me sedou... Ao chegar, tive que ser carregado, tamanha a sonolência, ficando dias e dias na cama, repousando para que a ferida não reabrisse. Tive sorte, segundo o doutor. Quase perdi os movimentos do pé, tão grave o corte. Maldito animal!

Ao retornar ao lar humilde, o coração da pobrezinha pulsava fortemente. Ele havia prometido volver assim que pudesse, aguardando no mesmo lugar. Ao partir, afagara-lhe os cabelos, beijando-a com paixão. Aquele fora seu primeiro beijo...

Calou a respeito do ocorrido, ocultando o precioso véu sob as roupas de um baú, temendo recriminações da família. Não permitiria que nada interferisse em seus sonhos! Se o pai soubesse de alguma coisa, certamente reprovaria, ordenando que ficasse longe do moço rico, descrendo de suas boas intenções em relação a alguém tão simples como ela. Se isso acontecesse, melhor morrer, pois não concebia a vida sem a ventura de encontrá-lo, mesmo que por instantes.

Periodicamente o jovem realizava a tal viagem de negócios, esperando-a sempre no mesmo local, sabendo que ela buscaria a imprescindível água. O lugar ermo e aprazível transformou-se no esconderijo de seus amores. Receosa a princípio, asserenou-se quando o amado prometeu levá-la brevemente aos pais, na vizinha aldeia, para que a conhecessem como noiva eleita de sua alma. Às suas considerações sobre diferença de nível social, ria, acalmando-a, pedindo-lhe nele confiar, pois tudo se resolveria a tempo certo. Judite, que somente queria acreditar, sufocava os temores, totalmente entregue ao sedutor Tobias.

Quando os primeiros sinais apareceram, ficou imensamente feliz. Um filho! Sonhava com aquela criancinha: seria igualzinha ao pai, o homem amado; os mesmos olhos escuros, a pele morena, os cabelos encaracolados e negros, o sorriso de alvos dentes, a voz profunda e doce... Finalmente ele a levaria à casa paterna e o casamento aconteceria! Idealizava a cena, imaginando a felicidade de sua própria família, vendo-a bem casada, com uma criança nos braços, ao lado do belo jovem, o seu príncipe encantado...

Estranhou-lhe a atitude... Esperava alegria, contudo deparou com reticentes palavras, tolhidos carinhos...

O encontro, geralmente longo e apaixonado, com ela unicamente a lembrar a necessidade de voltar para casa, abreviou-se sumariamente, com a incomum justificativa de urgentes compromissos...

Não mais apareceu a partir daquele dia!

Desesperada, o ventre avolumando com o passar dos meses, Judite recusava-se a acreditar naquilo que a razão sinalizava com cruel clareza. Fora abandonada!

Resolveu ir à aldeia onde o moço dissera morar. Para tanto, inventou junto à família a possibilidade de vantajosa colocação na qualidade de criada particular, atendendo a idosa e adoentada senhora. Depois de muita insistência, obteve a concordância do pai, desde que em companhia de alguém conhecido.

Judite passou dias de ansiedade, até que o pai apareceu com a notícia de que velho amigo seu faria uma viagem de carroça, devendo passar pela aldeia em que ela realizaria a entrevista de emprego. E já combinara tudo!

Em bela manhã de primavera, depois de conselhos e recomendações mil, a mocinha viu-se acomodada na carroça, seguindo ao encontro de Tobias!

Pelo caminho, o velho tagarelava sem parar, alheio ao aflito silêncio da menina:

– Então, pretendes trabalhar... Tem gente que acha isso arriscado... Perigoso... São grandes as tentações para uma linda jovem! Além do mais, nada te falta em casa... Quanto a tal senhora vai te pagar?

Diante da elevada quantia aleatoriamente inventada, capitulou:

– Tudo isso?! Tens certeza?! Ah! Assim sendo, razão tem teu pai em te enviar para os acertos com a ricaça... Bem que ela poderia precisar de um esposo... Sabes se ela é casada, hein? Pesquisa, pesquisa, minha menina, quem sabe eu não me arranjo! Sou viúvo, bem sabes... Escolha minha, até agora, a de continuar só... Sempre aparece quem arraste uma asinha para o nosso lado... O único problema, minha filha, é que são todas mais pobres do que eu! Meu sonho é arrumar alguém de posses, principalmente se ela estiver à beira da cova!

O assunto estendeu-se... Intimamente, a mocinha temia que ele resolvesse seguir o que seu pai recomendara, acompanhando-a. Estaria em maus pedaços, suas mentiras cairiam por terra! Para seu imenso alívio, o velhote deteve a carregada carroça à entrada do vilarejo, alegando estar atrasado! Grata pela pressa do conterrâneo, a moça saltou com presteza, combinando a volta para o outro dia, bem cedinho, no mesmo lugar. Ele se foi, não sem antes recomendar:

– Pergunta-lhe se apreciaria casar com um viúvo de boa aparência, trabalhador, desinteressado... Poderás até marcar um encontro... Isso!

Com tudo concordando, ela apertou o passo, em breve atingindo as primeiras casas, onde se informou. A rica propriedade ficava bem perto dali! Algo em seu coração dizia que tudo estava perdido, a julgar pelos curiosos olhares e pelo desagrado das pessoas à menção do nome de seu amado. Sem dúvida, ele não era muito querido... Uma vontade imensa de desistir quase fez com que desse meia volta, mas resistiu.

Assustada ainda mais com o imponente portão de entrada, temendo o ataque dos enormes e luzidios cães que dela se aproximaram, ferozmente latindo, tratou de enveredar por uma espécie de alojamento, deparando com diversas pessoas, provavelmente criados, em volta de bem sortida mesa. Mal pronunciara as primeiras palavras, uma risada geral acolheu-as, acompanhada de chistes e torpes insinuações:

– Mais uma que o senhorzinho Tobias engana! Achaste, minha linda, que o jovem amo se rebaixaria a te aceitar como membro da família? Vai-te, antes que te joguemos no poço! Ou quem sabe queres passar a noite aqui...

Não fora a única!

Sentindo-se a última das mulheres, envergonhada, temendo as consequências de sua ingenuidade, fugiu dali em desabalada carreira. Felizmente, um dos homens havia segurado os cães, evitando que fosse trucidada por suas fortes mandíbulas... Encontrou refúgio em meio às árvores do pequeno bosque na entrada da vila, onde pernoitou, em estado quase letárgico, alheia aos barulhos da noite, perdida, só...

Pela manhã, um ruído de carroça lembrou-lhe a necessidade de voltar para junto da família.

– E então, menina?! Conseguiste o serviço? E a velhota? Quer me ver?!

Suportou as perguntas, inventou histórias, descartou qualquer possibilidade matrimonial com a imaginária senhora e, finalmente, estava em casa! Novas mentiras, a custo formuladas... O serviço de que ouvira falar já estava em outras mãos, chegara tarde demais...

Tarde demais! Demasiado tarde se apercebera do caráter nada digno do homem amado! A dor da verdade dilacerava-lhe o coração! Pior ainda, sentia sua falta, amava-o!

Escondeu o filho, apertando o ventre com panos, apavorada com o que poderia acontecer com ela e o pequenino... Do ocorrido, quando as faixas não mais conseguiram ocultar seu estado, recordaria os olhos tristes e as lágrimas da mãe, inutilmente tentando protegê-la das pancadas do pai e dos irmãos adultos, enfurecidos todos com a desonra que ela supostamente fizera desabar sobre a família.

Empurraram-na para fora do lar, aos pontapés, qual vadio cão. A pobre mãe ainda tentara obstar o gesto desumano, mas recebera do intransigente esposo enorme surra, coroada com ameaças de seguir o mesmo destino da filha desavergonhada, caso não se calasse. Aos prantos, a coitada conseguira sorrateiramente reunir alguns poucos pertences da filha, ordenando a uma das crianças menores que a seguisse, entregando-os à irmã em desgraça, às escondidas do clã masculino.

A aldeia recebeu-a com idêntica indignação! Poucas mulheres, bondosas criaturas conscientes da real condição da mulher em uma sociedade hipócrita e preconceituosa, em que somente ao homem tudo era lícito, atreveram-se a alimentá-la, longe dos olhares. Contudo, não a puderam abrigar... Assim, o céu foi-lhe teto durante muitos dias e, apesar do avançado estado de gravidez, viu-se alvo de indecorosas propostas, escutando comentários que a fizeram enrubescer e recuar, horrorizada.

A insensibilidade das pessoas mais uma vez iria surpreendê-la. Por que a julgavam tão duramente, se errara por muito amar? Nenhum de seus detratores sequer mencionara a forma indigna e desumana com que o pai da criança se houvera!

Tempos depois, em arruinado casebre abandonado à saída da vila, em cálida noite de verão, sob um dossel de estrelas que atravessavam o quase destruído telhado, nasceu-lhe o filho.

As primeiras dores vieram dilacerantes e ela buscou nos céus o auxílio, suplicando ao Deus de Israel que não deixasse perecer o pequenino... Como que por milagre, a porta da tapera fora empurrada e uma mulher por ela esgueirara, portando uma sacola com panos e ervas.

Humilde parteira, compadecida de sua ingrata sorte, protegida pela escuridão, abandonara o lar para atendê-la, obedecendo a um forte impulso, apiedada da quase menina que o povo dizia aquartelada na velha cabana. Embora não houvesse um marido para requisitar seus préstimos e pagá-los com algumas moedas, o coração dizia-lhe que a mocinha dela necessitava! Assim, ao adentrar o mundo, o pequenino foi recebido pela solidária e rústica criatura, que o limpou carinhosamente, depositando-o nos debilitados braços da jovem mãe.

A mulher alimentou a exilada e foi-lhe companheira nos quarenta dias subsequentes ao difícil parto. Depois, com rude sinceridade, aconselhou:

– Judite, minha filha, tenho visto coisas em minha vida de parteira... Uma delas, menina, é que as mulheres não perdoam o que fizeste! Sempre serás uma ameaça para elas, principalmente por seres muito bela, jovem... Farão de tua vida um inferno! Assim sendo, trata de sair daqui bem rápido e seguir para outro lugar, onde talvez encontres um bom homem, que te aceite e ao filho bastardo... Quem sabe!

Seguindo seus conselhos, a jovem saiu da aldeia, carregando o filho, buscando refazer sua vida em outro lugar. Arrumaria um serviço, era jovem e forte, trabalharia na lavoura, nas lides domésticas, sustentando a si e ao filhinho. Jamais dele se separaria, pois puro amor os unia. Na criança, a jovem constatava cada traço do homem ainda amado! Jamais se queixou do ingrato para alguém, aceitando simplesmente o que havia ocorrido, sem questionar as razões.

Passaram-se anos, repletos de dor, sofrimento e humilhações, anos de desilusão, de desamparo, de desesperança...

Embora tentasse em cada aldeia do caminho, decididamente não a aceitavam, estigmatizando-a por aquilo que reputavam um erro, prova de sua índole considerada pecadora. Os serviços pouco duravam e mal davam para prover o sustento de ambos. Apesar das penosas circunstâncias, continuava muito bela, o que em nada a ajudava, acirrando ciumentos ódios e espúrios desejos.

Em extrema dificuldade, prostituiu-se pela primeira vez... Então, foram-se embora para sempre os derradeiros sonhos de felicidade. De vilarejo em vilarejo, sempre com o filho, exercia o ofício mais antigo do mundo. Para o menino, reservava o amor que não mais conseguia estender a outras pessoas e muito menos aos homens, que a compravam por ínfimo valor.

Embalava Eli para que dormisse, acarinhava-o, repetindo ingênuas histórias que ouvira quando criança, deixando muitas vezes de comer para que nada lhe faltasse. E o menino crescia saudável e lindo, miniatura do pai, ainda amado pela desditosa jovem.

A doença dos pulmões levou-a, deixando só e desconsolado o filho, que todos se recusavam a acolher. Como as aves do céu, perambulava pelas aldeias, recebendo de uns e outros o alimento. Pequenino demais, não conseguia realizar tarefa que lhe permitisse o sustento... Somente mais uma criança a vagar...

..*

Aconchegado a Jesus, o menininho dormia, protegido por seu manto, aquecido e feliz...

Na noite silenciosa, todos se calaram, abaixando as cabeças, envergonhados com a própria insensibilidade, pois um único pensamento os movera desde que o pobrezinho atravessara a densa escuridão, agarrando-se ao Mestre: livrar-se dele para que pudessem receber a atenção de Jesus, pois todos ali precisavam aprender, tinham seus problemas, sua dúvidas, seus anseios...

Nas palavras de Jesus, o esclarecimento. Cobrança? Nenhuma!

Entendia perfeitamente o que se passava com aquelas pessoas: o repetido contacto com a miséria humana, vezes e vezes sem conta, tende a anestesiar as almas... Convive-se bem com a dor do próximo, sendo mais conveniente ignorá-la, escudados por armaduras de indiferença e omissão.

O Mestre, enfocando a figura do inconsequente sedutor, lembrou a responsabilidade de cada ser humano em relação ao outro: amor, caridade, respeito... "Não façais aos outros o que não quereríeis que vos fizessem..."

Ao brando calor das chamas da fogueira quase extinta, o Rabi resgatou, uma vez mais, a figura da mulher, recolocando-a em patamares condizentes com sua sublime missão de receptáculo da vida:

– Muitos dentre vós estareis indagando como saberia eu de tantos pormenores a respeito da história de Judite. Esquecei-vos de que sou o Pastor designado por nosso Pai para cuidar do imenso rebanho que povoa a Terra! Uma só das ovelhas não me escapa à amorosa visão...

O Mestre, olhando para o tranquilo semblante do adormecido menino, continuou:

– Quis Deus que esta criança viesse ensejar profundas lições, chamando-vos à realidade. Estáveis angustiosos por minha palavra e vos esquecestes de que a Terra constitui imensa escola, bastando que tenhais olhos para ver, retirando os argueiros que vos cegam!

Quanto sofrimento, provocado pela incúria de um jovem que desrespeitou a sincera afeição de uma mulher, precipitando-a nos abismos da prostituição!

Quanto sofrimento, provocado pela intolerância de muitos, desde os familiares até cada um daqueles que a crucificaram, ano após ano, negando-lhe a oportunidade de honesto trabalho!

Enfim, quanto sofrimento, porque ainda não conseguis compreender e sentir o verdadeiro amor, aquele que eleva, dignifica, ampara, transcendendo os limites carnais da posse, constituindo muito mais do que simples conjunção carnal. No início, pouco mais do que instinto... Em múltiplas existências, purificar-se-á, ultrapassando os iniciais estágios instintivos, conquistando angelicais patamares...

Muitos de vós não me entendereis, todavia tomai ciência de que nada se perde das experiências de cada criatura, constituindo degraus para novas aprendizagens e consequente crescimento do ser, à medida que os sentimentos se depuram. O aparente mal de hoje originará o bem de amanhã! Os protagonistas desta história banal e dolorosa reencontrar-se-ão, vezes e vezes, e o amor será, no decorrer dos séculos, vivenciado, exercitado, aprendido, sublimado, tudo com a finalidade de atingir a plenitude.

Suavemente, o Mestre levantou-se, com cuidado para que a criança não acordasse, sustentando-a nos braços. Seus olhos percorreram os ouvintes... Entreviu lágrimas nos olhos de muitas mulheres... Elas entendiam-no bem, pois sentiam na carne o peso da intolerância e do preconceito vigentes à época. Também se envergonhavam, porque igualmente intolerantes e preconceituosas... Jesus dirigiu-se a uma delas em especial, guiado pelas vibrações de amor e solidariedade que a envolviam, transferindo para seus braços o pequenino adormecido, murmurando:

– Mãe, eis o teu filho do coração!

Depoimento

Aquele fora um dia longo e quente... Os suores das gentes ainda parecem sensibilizar-me as narinas, pungente recordação do odor de miséria e doenças, miasmas de uma sociedade que marginalizava os mais simples, considerando-os meras bestas de carga, instrumentos de labor, geradores de riquezas para os detentores do poder, ávidas aves de rapina que lhes sugavam o ralo sangue.

Órfão de afeto e bens materiais, pequenino e esquálido, perdia-me entre a multidão ansiosa e agitada, sem qualquer chance de acercar-me do Mestre, de com Ele falar ou talvez lhe tocar a fímbria das vestes...

Recusando-me a desistir, insisti, seguindo-o a distância, precipitando-me em seu colo com o ímpeto desatinado dos que pressentem mudanças, acreditando na possibilidade de atingir a felicidade através dEle!

Agarrei-me a Jesus, qual náufrago aos destroços salvadores de um barco. Afinal, que era eu a não ser um náufrago em meio às tempestades existenciais?!

Chama eterna, luz de peregrina beleza, acalanto suave de melodiosa e sonora voz, cálidas e amorosas mãos, forte corpo, seguro porto, farol guia, pai, amigo, irmão... Jesus!

Em seu colo adormeci e, ao despertar, deparei com macio leito, alvos panos, afeto maternal. Tinha eu seis anos. Ele, o Mestre, havia partido, deixando atrás de si salutares brisas de renovação.

Uma nova fase iniciou-se em minha existência. Família, carinho, farto alimento, abrigo contra as intempéries... Um sonho acalentado há muito, que não se dissiparia! Contudo, apesar da pouca idade, algo me dizia, bem no fundo do coração, que o maior dos sonhos havia sido conhecê-lo!

Crescendo, compreendi que não estava enganado. Então, o divino Amigo perecera na cruz, mas seus ensinamentos se espalhavam, apesar das reiteradas tentativas de romanos e judeus no sentido de cercear as inesquecíveis verdades por ele deixadas.

Soubemos que, na distante Roma, a perseguição aos cristãos atingia níveis extremos, culminando em sacrifícios inimagináveis. O desejo de servir ao meu Senhor, arrostando os perigos e assumindo seu jugo, fez com que embarcasse em um dos muitos barcos mercantes, com destino à cidade dos césares. Lamentavelmente, as notícias tinham fundamento, mostrando-se até aquém do real: pessoas morriam às centenas em espetáculos nos circos ou em festas particulares, ao influxo da vontade do então imperador, Nero.

Era imprescindível esconder-nos para professar a crença cristã. Temíamos a morte, contudo ansiávamos pelas palavras dos que o haviam conhecido, muitos deles discípulos dos tempos da Galiléia, da Jerusalém de Pôncio Pilatos, de Herodes, dos sacerdotes que o haviam entregue ao suplício.

O refúgio dos mortos! Na escuridão da noite, as catacumbas de Roma constituíam locais evitados pela maioria dos vivos. Assim, os magníficos e estrelados céus, as perfumadas brisas das sete colinas, os cadenciados passos dos soldados, tudo se perdia quando adentrávamos os sombrios subterrâneos das galerias, onde aqueles que haviam partido silenciosamente nos franqueavam passagem, cedendo sua derradeira morada para realizarmos os cultos! A fé impulsionava nossos passos!

Os anos haviam passado... Meus cabelos embranqueciam e o corpo já não possuía o vigor da juventude... Certo dia, soldados romanos invadiram minha humilde casa, atirando-me, aos empurrões, a triste cárcere. Fome, sede, indescritíveis horrores nas fétidas masmorras, ensurdecedora e desatinada platéia, ensanguentada arena...

Que poderiam querer comigo, pobre criatura debilitada pelas agruras da prisão, os soberbos gladiadores, com suas reluzentes espadas e assassinas redes?

Um medo intenso paralisou-me as enfraquecidas pernas... Quis arrastar-me pelo chão, qual verme, implorando clemência!

Então, avistei-o! Sempre belo, a mesma luz a envolvê-lo, os mesmos olhos ternos e compassivos!

A espada seccionou-me as vértebras com selvagem impacto, mas nada senti...

Estava correndo para ele, novamente menino, na distante Galiléia!

Eliasib

Paciência

"Vendo ele as multidões, subiu à montanha. Ao se sentar, aproximaram-se dele os seus discípulos. E pôs-se a falar e os ensinava, dizendo: "Felizes os mansos porque herdarão a Terra." (Mateus, cap. V. v. 1,2 e 4).

"A doutrina de Jesus ensina, em todos os seus pontos, a obediência e a resignação, duas virtudes companheiras da doçura e muito ativas, se bem que os homens erradamente as confundam com a negação do sentimento e da vontade. A obediência é o consentimento da razão, a resignação é o consentimento do coração, forças ativas ambas, porquanto carregam o fardo das provações que a revolta insensata deixa cair. O pusilânime não pode ser resignado, do mesmo modo que o orgulhoso e o egoísta não podem ser obedientes."

(O Evangelho Segundo o Espiritismo, cap. IX)

Incrustada em elevado e estratégico local, a pequenina aldeia brilhava ao sol da manhã qual joia de raro valor, assemelhando-se, à distância, a casario de bonecas, rodeado pelas pequenas propriedades com suas plantações e animais. Límpido céu azul e luxuriante vegetação emolduravam-na. As brancas casas, adornadas por singelas trepadeiras em flor, pontilhavam o bucólico cenário.

Dedicados aos afazeres da terra, dela tirando o sustento, seus humildes moradores tinham por hábito abandonar bem cedo o aconchego de seus lares, demandando os férteis campos a lhes reclamarem cultivo e atenção, alforjes de provisões aos ombros, mergulhados em festa de luz e cor.

Aqui e acolá deparavam com inesperados visitantes, pequeninos animais selvagens que se atreviam a abandonar o protetor asilo das matas, espreitando os humanos em breves assomos de curiosidade, para depois, céleres e assustados, embrenharem-se novamente no escuro verde.

Devagar tudo se animava.

Acostumados à rotina, os três homens já não reparavam na beleza esplendorosa da manhã e muito menos nos animaizinhos que fugiam em desabalada carreira ao avistá-los, caminhando silenciosos, mergulhados em seus pensamentos.

O pai, em idade madura, trazia nos escuros cabelos e barba os primeiros sinais do tempo, contrastando com a tez saudável, tisnada pelo sol inclemente dos campos; o corpo rijo e musculoso, moldado pelos rudes labores na enxada e na charrua, desmentia o peso dos anos que começavam a marcar a face em profundos vincos; a esguia silhueta movimentava-se agilmente junto aos jovens filhos, em nada ficando a lhes dever em vitalidade.

Os rapazes, por sua vez, haviam herdado do homem os negros olhos e cabelos e a compleição elevada e forte.

Ao longe, a casa perdia-se entre as árvores, dela somente restando tênue rolo de fumaça nos ares, rapidamente disperso pela fresca aragem matutina; nela, mãe e filhas iniciavam os afazeres domésticos.

O rapaz mais novo percorria os espaços com os olhos fixos no chão, envolto em mil fantasias e emoções, concentrado inteiramente em encantadora figura que não lhe saía da cabeça. A lembrança da amada despertava fugazes sorrisos e disfarçados suspiros, determinando que, de quando em quando, acelerasse os passos, ao embalo de interna melodia da alma. Então, encabulado pelos surpresos olhares dos demais, retomava o ritmo, esforçando-se em manter a costumeira serenidade.

Contemplava a figura atlética do irmão mais velho, à frente do pequeno grupo familiar, delineada contra o horizonte, onde o sol se erguia em espaços surpreendentemente límpidos e azuis. Admiração e respeito constituíam o alicerce do relacionamento entre os dois! Habituara-se, no decorrer de sua existência, a com ele compartilhar segredos e sonhos, decepções e esperanças, acatando seus conselhos, sempre revestidos de sabedoria e ponderação. Sentia-o muito mais que irmão... Acima de tudo, amigo leal e sincero.

Assim, aguardava ansiosamente o momento em que, distante do pai, poderia abrir o coração e falar da doce criatura que lhe ocupava os pensamentos desde o instante em que a avistara, há alguns dias, quando em viagem à cidade mais próxima, à qual se encaminhavam sempre que a pequenina vila não lhes oferecia o necessário.

As imagens ressurgiam com renovado vigor à medida que sua disposição em tecer confidências com o irmão era fortalecida.

Delicada, quase etérea, os negros e longos cabelos recolhidos em grossa trança, entremeada de pequeninas pérolas, a se repetirem nos brincos que lhe emolduravam o níveo e afilado rosto, onde olhos de surpreendente azul brilhavam... O corpo delgado, realçado pelas vestes que o envolviam suavemente, o tecido sedoso ondulando aos menores movimentos, a silhueta delineada pelo ligeiro e drapeado manto, que lhe roubava a cor dos olhos, preso à cintura por torçal de pérolas e fitas... Uma visão dos céus!

Passara rapidamente por ele, deixando fresco aroma de flores, resguardada pela presença de idosa serva, com a qual carinhosamente falava:

– Nazira, olha aquele, que lindo! Que achas da cor? Muito parecida com a do traje que vesti ontem? Será?!

Sequer o enxergara... Detivera-se em inúmeras tendas de comércio, seduzida pelos preciosos tecidos e adornos. Os afilados dedos percorriam os panos com prazer, sentindo-lhes a textura, adivinhando e prevendo possibilidades na confecção de trajes que lhe realçariam a beleza. A solícita e respeitosa escrava seguia seus passos e, pela maneira como opinava, deduzia-se um vinculo afetivo entre ambas, excedendo os estreitos limites da prestação de serviços.

Ficara ali, parado, estático, observando-a, gravando na memória cada pequenino detalhe: a finura das mãos e os pequeninos pés, de nacaradas e polidas unhas; as orelhas adornadas com pingentes de pérolas; a voz suave e educada, inalterada e gentil no trato com os mercadores, opinando com segurança, refutando calmamente as ofertas que não lhe interessavam.

Vendo-a negociar, o rapaz intimamente riu, pois os mercadores não logravam envolvê-la em suas artimanhas, e logo capitulavam, tratando de lhe apresentar artigos com qualidade e justo preço, expressando respeito em suas mesuras e palavras. Sem dúvida, uma jovem que sabia o que queria!

Finalizadas as compras, elegante e rica liteira acolhera as duas mulheres, levando-a para longe de seus enamorados olhares.

O moço retornara ao lar com a carroça repleta de aquisições e, no peito, um sentimento até então desconhecido. A moça de branco passara a influenciar seus mais íntimos pensamentos! O pai, experiente conhecedor da natureza humana, pressentira alguma novidade, mas abstivera-se de comentários, respeitando o silêncio do filho.

Dias transcorreram e, naquela manhã, o jovem decidira-se finalmente a compartilhar com o irmão os detalhes do encontro que lhe marcara a existência. O sol já se fazia alto quando, exaustos da lida contínua, abrigaram-se sob frondosa árvore, depondo o conteúdo dos farnéis sobre alvo pano. Mais adiante, o pai ultimava os preparativos do solo, postergando o horário da refeição. Era o momento ideal!

– Irmão, preciso falar-te... Aconteceu algo que não me sai da cabeça...

Abriu o coração, detalhando fatos e impressões, narrando sem parar, permitindo que as emoções represadas no silêncio dos últimos dias extravasassem.

O irmão fitava-o compreensivo e surpreso, sem pronunciar uma palavra. Mais velho e experiente, analisava de forma racional a entusiástica narrativa, dela retirando algumas deduções:

– Pelo que me contas, trata-se de uma moça de posses, a julgar pela presença da serva... De abastada origem, talvez nobre... Pela descrição de seus trajes, não se trata de alguém de nosso povo... Possivelmente estrangeira, romana, sem dúvida!

Antevia sofrimentos e acerbas decepções... Não sabia o irmão das diferenças entre ambos? Viviam em mundos opostos, conquistador e conquistado! Culturas diversas, níveis sociais diferentes...

Olhando o rosto bronzeado do irmão, iluminado por ardente sentimento, os súplices olhos a implorarem compreensão e conivência, decidiu calar, deixando ao tempo o encargo de destruir as ilusões e convocá-lo à razão. Além de tudo, intimamente considerava a improbabilidade de se encontrarem uma vez mais, pois muito chão os separava, e o rapaz sequer sabia como localizá-la. Em uma cidade tão grande, ela se perderia para sempre e ele acabaria olvidando; então, apaixonar-se-ia por honrada jovem de seu próprio povo, afeita aos costumes e tradições de sua raça, consorciar-se-iam, estabeleceriam numerosa família... O esquecimento terminaria por apagar a encantadora visão, seria um simples sonho juvenil... Sentiu os temores diminuírem... Um encontro fortuito, com remotas chances de se repetir! Para não magoar o irmão, aconselhou-lhe somente paciência e bom senso.

Os dias passaram, arrastando-se em meio à saudade. O rapaz não mais mencionou o ocorrido, decepcionado com a reticente acolhida do irmão. Por outro lado, temendo desastrosas consequências, o outro também silenciou, procurando desviar a atenção do jovem para assuntos variados.

Não a olvidou, contudo, ansioso aguardando nova oportunidade de volver à cidade, em busca do que faltasse na pequenina aldeia. Entregou-se ao trabalho com renovado vigor, talvez entendendo que assim poderia abreviar o tempo da separação.

Finalmente, a sonhada viagem!

Nas ruas da grande e agitada urbe, em vão a procurou. Praças, jardins, mercados, tendas multicoloridas de mercadores... Nada! Desesperado, abandonou o bulício da área central, adentrando os simples e humildes arredores. Andando a esmo, viu-se em meio a inesperada multidão, que se comprimia no intuito de escutar um Estranho de nobre porte e sugestiva voz. E ali, próxima ao Homem, avistou-a! Embevecida, os olhos na surpreendente figura, presa às suas palavras...

Súbito aguilhão de ciúmes oprimiu-lhe o coração, ressentindo-se daquele que possuía o poder de despertar as emoções retratadas no fascinado rosto. Desviou os olhos da amada, fixando-os no possível rival, procurando prestar atenção em seu discurso.

A voz surpreendentemente suave e incisiva espalhava-se pela praça. Falava de um reino em outro mundo, onde os bens materiais não constituíam o mais importante, no qual a criatura valia por suas qualidades e pelo amor... Conclamava a multidão a exercitar a caridade, a resignação, a solidariedade, a pureza de sentimentos...

As pacificadoras colocações atingiram-no de forma intensa e profunda, arrancando-lhe lágrimas dos olhos; a emoção envolveu-o gradativa e avassaladoramente, em ondas, até que todo o seu ser vibrasse em uníssono com as idéias do Estranho. Trêmulo, fitava aquele Homem e a mulher amada, pois impossível excluí-la, porquanto a moça estava ao lado dele, visivelmente encantada com o falar do desconhecido, expressando nos cândidos olhos o mesmo arrebatamento que o envolvia.

Como que impulsionado por forças alheias à sua vontade, sentiu-se movimentar em direção ao profeta, movendo-se lenta e silenciosamente em meio à multidão, sempre atento às palavras que tomavam conta do largo.

Após a preleção, de imediato cercaram-no. Doentes, sofredores, desesperançados, possessos... Para seu espanto, presenciou criaturas envoltas em amarras, revolvendo-se ao solo, urrando e blasfemando, acalmarem-se ao som amoroso e firme de sua fala, abandonando as alucinadas demonstrações de insânia, reerguendo-se em inimaginável equilíbrio. Muletas ao chão, desprezadas e inúteis, membros sadios, risos de euforia, hosanas... Consolação e amor! Feridas fechando-se ao toque de suas mãos, os tecidos refeitos, as lágrimas estanques...

Quando os olhos dos jovens se encontraram, ambos tiveram a sensação de que já se conheciam. Júlia, a doce Júlia...

O sorriso dela habilitou-o a indagar sobre o singular Homem... Soube então que muitos o chamavam Mestre; outros, Jesus...

O pôr do sol encontrou-os acomodados em um dos toscos bancos que ladeavam a praça. A moça contara-lhe coisas incríveis a respeito de Jesus.

– Onde o conheceste, Júlia?

– Pelos servos da casa de meu pai... Ele chegou à cidade há dias... Percebi o alvoroço, decorrente das histórias que o precediam, espalhadas sobremaneira entre os humildes e sofredores. Considero-me feliz, nada me falta em termos materiais, sou mimada, mas ainda assim deixei-me fascinar pelas narrativas, comparando-as aos contos desfiados na hora de dormir, quando criança. Meu pai costumava entremear histórias infantis com relatos que versavam sobre lutas e conquistas em exóticas e longínquas terras...

O rapaz compreendeu que o Rabi assumira, na romântica visão de Júlia, feições de herói e mágico...

– Maravilhada, insisti junto a meu pai, solicitando permissão para ir ao encontro do tal Jesus, cientificando-me de seus miraculosos poderes. Ele não gostou nada!

Embora descontente, prevendo charlatanismo e escusos interesses, o romano acabara por aceder aos reiterados rogos da filha, desde que devidamente resguardada pela presença da serva de confiança, aquela que lhe fora ama de leite quando a mãezinha falecera, em único e difícil trabalho de parto.

Júlia semicerrou os olhos, recordando... O pai logo se casara pela segunda vez... Embora desejasse outros filhos, eles não vieram, e sua nova esposa bem cedo demonstrara desinteresse pela enteada, restando-lhe a serva amorosa e fiel. A boa mulher ali estava, entre os derradeiros que ainda rodeavam o Mestre, presa às suas palavras, igualmente admirada com os feitos considerados miraculosos, inusitadamente alheia à menina considerada filha.

Ingênua e inocente, a jovem repetia ao rapaz tudo o que ouvira sobre o Rabi nazareno, detalhando as histórias que corriam de boca em boca, repetindo com surpreendente exatidão os ensinamentos do Mestre, aos quais tivera acesso nos últimos dias, auferidos de sua própria pessoa nas reuniões de que participava, sempre escudada pela boa serva.

À noite, recolhido à estalagem simples porém asseada, o moço sentiu-se em um novo mundo, parecendo vivenciar um sonho maravilhoso, consolidado na presença da amada e do Homem que diziam ser o Filho de Deus, o Deus único do povo de Israel, a quem aprendera a respeitar e a reverenciar desde pequenino.

Todavia, quanta diferença no Deus apresentado por Jesus! Nada de vingança, revolta, sentimentos mesquinhos dos humanos... Um Pai amoroso e justo, paciente com as imperfeições de seus filhos!

No dia seguinte, tratou de cumprir brevemente as tarefas de que fora incumbido, permitindo-se o alongamento da permanência na cidade, embora cônscio da provável preocupação causada na distante família. Depois lhes explicaria!

Perplexo, constatou que Jesus passara a ocupar destacado lugar em seus pensamentos, direcionando suas ações, a ponto tal que ouvi-lo parecia o mais importante para sua existência presente e futura. A presença da jovem e a confirmação das esperanças que acalentara sobre sua pessoa inundava-lhe a alma de alegria; no entanto, sabia que jamais seria o mesmo depois de ter conhecido o Mestre!

Foram dias de encantamento e ternura para os dois jovens! Profundos sentimentos brotavam do imo daquelas almas, emoções que tinham a ver com a presença da pessoa amada, mescladas à renovadora descoberta da Boa Nova propagada pelo meigo Rabi da Galiléia.

Dias depois o Mestre partiu, rumo a outras terras e gentes, sempre espalhando sua mensagem. O dever chamava, pontificando a necessidade de retorno ao lar, embora o coração almejasse ficar junto à amada. Em lágrimas se despediram, planejando o novo encontro. Quando? Não o sabiam...

O moço não era certamente o mesmo que saíra da casa paterna uma quinzena antes; a convivência com os ensinamentos profundos e renovadores do Mestre despertara uma nova consciência e uma diferente visão existencial. Sentia-se, ao mesmo tempo, feliz e apreensivo.

Aqueles dias na cidade abriram-lhe os sonhadores olhos para as profundas diferenças sociais existentes entre ele e a jovem!

Impossível deixar de observar a riqueza nos trajes e adornos, mesmo que simplesmente se vestisse para não ofender os paupérrimos em busca de Jesus; ou a postura nobre e elegante de patrícia romana, exteriorizada nos mínimos gestos. A seu lado, percebera-se, por vezes inúmeras, deslocado, as rústicas roupas contrastando com a delicadeza dos trajes da amada, as calosas mãos parecendo ferir-lhe a pele fina das acetinadas mãozinhas.

No entanto, os constrangimentos esvaíam-se quando as almas se buscavam, unidas na similaridade de interesses, sentimentos e emoções. Então, as exterioridades deixavam de existir e o amor pairava acima de tudo, pleno e pacificador.

As palavras de Jesus diziam de um mundo de amor e paz, destituído de preconceitos, onde somente as qualidades e virtudes contavam. Por que não poderiam vivenciar esta realidade maravilhosa, deixando para trás as diferenças sociais, valorizando somente as afinidades de gêmeas almas, destinadas à comunhão eterna?

Esperançoso, um novo homem percorria a longa estrada de volta ao lar, entregando-se confiantemente ao Deus que aprendera a conhecer através do amoroso Rabi, um Deus que, certamente, não estaria interessado em raça, posição social, roupas, adereços...

Uma família aflita e aliviada acolheu-o efusivamente, entre abraços, beijos e reprimendas. Sem saber o porquê, omitiu o reencontro com a jovem, limitando-se a discorrer sobre Jesus, surpreendendo-os com os ensinamentos e feitos testemunhados. Receosos a princípio, encantaram-se todos depois, e seus corações acolheram jubilosamente o Mestre.

Na pequenina propriedade rural, tudo se encaixava novamente, em benfazeja rotina. Assim parecia...

Dia após dia, o jovem extremava-se nos labores e, à noite, antes do merecido repouso que os cansados corpos solicitavam, a família reunia-se à luz da candeia para escutar e rememorar os ensinamentos do Messias.

No fundo do coração, silente e expectante, o sentimento por Júlia permaneceria oculto, pois o moço não falaria a ninguém sobre o encontro, receoso de que colocassem os naturais obstáculos, ansiosos em protegê-lo de uma relação difícil e conflitante.

Os meses passavam, arrastando-se interminavelmente... As sementes lançadas à terra germinaram, transformadas em generosa colheita, permitindo-lhes o sustento e recursos para as compras necessárias. Nova viagem excluir fora estabelecida!

A estrada parecia-lhe infinita, a distender-se em intermináveis meandros. Puxada por vigorosos animais, a carroça jamais fora motivo de tamanha impaciência por sua pretensa lentidão! Controlava-se para não instigar as pobres alimárias ao galope além de suas forças, respeitando-lhes a integridade física.

Mal chegara, cavalos e carroça abrigados na estrebaria da estalagem, disparou para a praça onde a encontrara juntamente com Jesus. O coração dizia-lhe: estaria à sua espera!

Realmente! Sentada no mesmo banco, acompanhada pela paciente serva, ambas dedicadas à costura, em expectativa repetida dia a dia desde que ele se fora...

Os moradores da humilde região haviam se acostumado com sua presença linda e bondosa; conhecendo-lhe os motivos, compartilhavam de sua saudade, vibrando pelos jovens apaixonados. Habituara-se a levar material de costura e seus ágeis dedos trabalhavam roupas que agasalhariam os menos afortunados. Os pequeninos, atraídos inicialmente pela novidade, encantados com sua formosura, conquistados pela gentileza externada em seus gestos calmos e amorosos, acabaram por aderir incondicionalmente ao fascínio do divino Mestre, presente nas histórias que a menina contava sobre o Homem que um dia chegara àquela cidade e, ao partir, deixara um indelével rastro de luz.

Mãos entrelaçadas, as doces e ternas palavras da moça diziam de esperanças e temores. Sobressaltado, o rapaz observou-lhe os olhos azuis toldados pelo pranto.

– Júlia!

A família, em especial o pai, importante representante do poderio romano nas conquistadas terras da Palestina, exigia seu enlace com jovem patrício de importante e rica família!

– Que poderei fazer, meu Deus? Meu pai é amoroso, probo... Sempre esteve ao meu lado, jamais permitiu que seu cargo me colocasse em segundo plano. Mas é um romano! Considera-se certo em sua pretensão de me arrumar o esposo mais conveniente, de acordo com suas ideias!

Embora a moça calasse maiores explicações, o rapaz compreendeu.

Júlia sabia perfeitamente que, perante a sociedade romana, ciosa de seus costumes, orgulhosa de sua pretensa supremacia racial, repleta de preconceitos e hipocrisias, ela cobriria o pai de opróbrio, desferindo-lhe terrível golpe ao se recusar ao ajustado casamento, ainda mais para se unir a um judeu, pessoa do povo, sem qualificações maiores, de condições financeiras humílimas.

Ao mesmo tempo, embora reconhecesse as qualidades morais do homem a quem seu pai a destinara e respeitasse as razões paternas, percebia que seu coração jamais bateria por homem algum com a emoção sentida pelo jovem, a quem imediatamente amara, no instante em que seus olhos haviam se encontrado naquela mesma praça. Que fazer?

Olhando-a desfeita em lágrimas, o rapaz pressentiu a presença do Mestre a conduzi-los uma vez mais. Por mais difícil que fosse a correta opção, não havia como fugir: paciência, resignação, tolerância, amor, renúncia...

Renúncia!

Docemente a consolou, concitando-a a depositar nas mãos do Deus que Jesus lhes revelara, pleno de amor e justiça, seus sonhos de felicidade.

– Júlia! Jamais conseguiremos nos esquivar das malhas do dinheiro e do poder... E muito menos dos preconceitos de uma sociedade extremamente materialista, dominante... Caso resolvamos enfrentar tudo e todos, muitos sairão feridos! Os maiores prejudicados serão os meus familiares, pois seu pai, poderoso dignitário, duramente afrontado com a rebeldia da filha única, consumir-se-á em ódio e decepção, estendendo seu rancor àqueles que julgar coniventes...

Por instantes, uma vontade imensa de levá-la para a propriedade da família silenciou o jovem. Depois, reunindo forças, o peito dilacerado pela dor da iminente perda, prosseguiu:

– Que será da serva idosa e querida, que lhe foi praticamente uma mãe? E os pobrezinhos deste lugar, não seriam penalizados também? Já não lhes basta a cota de privações pelas quais passam?

Júlia entendeu que pensavam da mesma forma. Aquela constituía a realidade! Qualquer outro raciocínio resvalaria para o campo das ilusões! Como, em nome de uma felicidade própria e adstrita à existência presente, colocar lágrimas e dor na vida dos que amavam e respeitavam?

Renúncia!

Aquele foi o último encontro dos jovens.

O moço soube, tempos após, por intermédio de solícita e sigilosa mensagem da leal e amorosa serva de Júlia, que ela havia se casado com o homem imposto por seu pai. Uniam-se, assim, na pessoa de seus únicos filhos, riquezas e patrimônios de duas importantes famílias romanas, ainda que à custa de muitas lágrimas.

Uma noiva pálida e desfigurada, em níveos trajes bordados em prata, os negros cabelos entrelaçados com fitas e pérolas e protegidos por diáfanos véus, uniu-se ao jovem digno e bom, porém não amado! Resignada, olhos pisados de tanto chorar, sempre baixos para ocultar a dor que lhe ia na alma sensível, recebeu os cumprimentos que lhe pareciam tortura infinda. Silenciosa e humilde, acompanhou o esposo à rica casa que lhe seria lar até o fim de seus dias, engalanada com flores e sedas para receber os jovens nubentes.

Foi-lhe esposa fiel e compreensiva durante toda a existência, devotando ao companheiro carinho e respeito, recebendo com extremado amor os inúmeros filhos, transmitindo-lhes, às escondidas, a doutrina do Mestre amado, pois haviam-no condenado e crucificado em infamante madeiro, considerando-o traidor dos interesses dos povos romano e judeu.

Jamais a linda patrícia compreendeu, em toda a sua extensão, o duplo sentimento de perda. Doía-lhe saber que nunca mais veria a figura terna e bela de Jesus, as palavras derramando-se de seus lábios como bálsamo confortador das dores e desesperanças do mundo. Em seu coração, guardava-o como preciosa lembrança vivenciada a cada dia no contacto com as demais pessoas. Ouvindo-o, conhecera o amor em todas as suas acepções! Sua imagem mesclava-se à do homem amado...

Estranhamente, embora Jesus e o jovem não estivessem a seu lado em física presença, nunca os considerou ausentes; habitavam-lhe os sonhos, quando o corpo que ela fatigava em labores de auxílio ao próximo buscava o leito; neles, Jesus se apresentava com o mesmo sorriso e palavras de infinita ternura... Ou ela percorria lugares de excepcional beleza, amplos templos de alvinitentes mármores a se alçarem aos céus, em companhia de outros e do homem amado, estudando os ensinamentos do Mestre. Acordava com uma sensação de doce saudade, o espírito ansiando pela permanência nas magníficas paragens espirituais... Então, as vozes claras e os risos dos filhos recordavam-lhe a tarefa a desempenhar na Terra!

Encontrara Jesus nos sofredores que a buscavam, como que atraídos por invisível luz, inexplicavelmente direcionados a ela. O esposo, embora inicialmente contrafeito e intrigado com tais práticas caritativas, normalmente inusitadas entre as ricas e fúteis senhoras romanas, acabara por acatá-las, respeitando o que chamava de "esquisitices em ajudar esse povo doente e maltrapilho". Meiga e paciente, ela convencia-o a abrir os cofres e destinar significativas somas à beneficência, colocando em prática os ensinamentos que recebera do Rabi da Galiléia, embora impedida de falar abertamente sobre Ele ou sequer de lhe citar o nome querido.

A morte veio encontrá-la sempre serena, suave claridade a envolvê-la, nimbando-lhe os alvos cabelos, cercada por filhos e netos, amparada pelo esposo, que então já aceitara o Mestre em seu coração, auxiliando-a em sua obra por anos e anos, amparando os pequeninos e desvalidos.

Quanto ao moço judeu, as notícias referentes ao casamento da amada somente reforçaram os amargos pressentimentos que lhe angustiavam a alma há muitos dias.

Os tempos iniciais de dor e lágrimas sucederam-se por dias repletos de resignação. Os ensinamentos de Jesus estavam nítidos em sua mente e norteavam-lhe os dolorosos passos na senda da renúncia. Olhando a família feliz e protegida dos desmandos do mundo, liberta da influência nefasta e talvez fatal que a parentela de sua bem-amada certamente sobre ela exerceria, caso houvessem assumido o sentimento que os plenificava, jamais duvidou de que haviam tomado a decisão acertada, aquela determinada pelo dever.

Com o casamento dos irmãos e o súbito desencarne dos pais, ocasionado por insidiosa e fatal febre, o moço sentiu-se livre para a concretização de algo há muito almejado no recôndito de seu coração. Certa manhã, com aquiescência e bênçãos dos familiares, alforje aos ombros, partiu no encalço do Mestre, intentando encontrá-lo e se juntar aos que o acompanhavam, colhendo de seus lábios as lições que lhe complementariam a educação espiritual.

Ao anoitecer de nublado dia, encontrou Jesus alojado em casinha simples e asseada, ao abrigo da chuva que ameaçava descer dos céus. As candeias formavam um túnel de luz à frente da porta, clareando parte do caminho. Ao penetrar na faixa iluminada, sentiu-se todo envolto em balsâmica claridade, que com certeza não viria somente do lume deposto sobre a rústica tábua ou pendurado ao teto.

O Mestre encontrava-se em pé, ao lado da mesa, falando aos

poucos que o buscavam naquela tempestuosa noite... Suas palavras tinham o mesmo doce encanto da primeira vez... Expectante, apoiou-se à porta, cansado, faminto, só... Jesus sorriu-lhe bondosamente, acenando para que entrasse, estendendo-lhe generoso pedaço do pão que estava sobre alvos panos. Pão do corpo e da alma...

Asserenou-se. Finalmente havia encontrado o seguro porto pelo qual sua alma ansiava!

De cidade em cidade, pelas aldeias, vilas, montes e areias, seguiu-o, bebendo de sua sabedoria, compartilhando de seu amor. Mentalmente anotava seus ensinamentos e exemplos, como se estivesse a registrar em enorme papiro mental um livro imaginário, todavia concreto. Teria que repetir tudo aquilo no momento oportuno e o faria fielmente!

Quando o crucificaram, os escudos e espadas dos soldados romanos impediram-no de aproximar-se do Mestre amado. Silente e triste em meio à multidão enlouquecida, escutava suave voz interna a recomendar-lhe paciência e resignação. Seria mais útil vivo, um dia ele entenderia! Como o Mestre, soubesse calar e aceitar!

Os dias subsequentes à morte de Jesus revestiram-se de profundas tristezas e angústias. Aqueles que haviam sido seus discípulos diretos encerraram-se em desconhecidos abrigos, momentaneamente acovardados diante da intensidade das emoções desencadeadas pelo martírio do Amigo.

Embora o Rabi os houvesse prevenido em diferentes e muitas ocasiões a respeito da inevitabilidade do sacrifício, ainda assim acreditavam que uma criatura com tantos poderes, que calava os ventos e as tempestades, asserenava águas turbulentas, multiplicava pães e peixes, curava, retirando de corpos apodrecidos a morfeia que a todos aterrorizava, poderia eximir-se de tão infamante morte!

Assim, os questionamentos atribulavam-nos:

– Deus! Que faremos agora? Como encararemos o povo?

E a saudade, meu Deus! Saudade da companhia do Rabi, sempre sereno e bem disposto. De suas risadas, de suas lições coerentes e amorosas, de suas histórias...

E o sonho que cada discípulo secretamente ainda acalentava! Sobrepujar os conquistadores, devolvendo ao povo judeu o controle de seus destinos e a supremacia de sua crença em um Deus único e onipotente...

O mundo parecia ruir-lhes aos pés! Dúvidas naturais e pressentidas pelo Mestre insinuavam-se. Cumprir-se-iam as profecias de Jesus ou Ele se perderia no tempo, sua lembrança desvanecendo-se pouco a pouco, até que nada mais restasse?

O rapaz em vão procurou pelos companheiros de Jesus... Dentro de seu coração, uma certeza: Ele voltaria, pois assim dissera inúmeras vezes!

Ele realmente voltou. Muitos o viram, partilhando inesquecíveis e derradeiros dias e noites com o Mestre, aprendendo, preparando-se para a árdua tarefa de difusão da Boa Nova. Quando finalmente partiu, deixou a sublime convicção de que sempre com eles estaria, apesar da barreira física a separá-los.

Fortalecidos pelo sofrimento e duras experiências, perseverando, resistindo à desesperança, construindo a fé sólida e indestrutível que remove montanhas, caindo e reerguendo, prosseguiram seus discípulos, não mais doze, e sim muitos, anônimos em sua maioria, mas igualmente amados.

Anos depois, em inóspito trecho da mesma estrada que o rapaz percorrera quando jovem e cheio de sonhos, erguia-se humilde moradia, que se transformara em asseada e rústica pousada para viajantes e desabrigados.

A construção singela destacava-se como oásis no deserto. Em meio à ressequida vegetação, inseria-se na paisagem amarelada como rutilante esmeralda entre os calhaus do rio. Surpreendentemente, as rochas haviam permitido que pujante fonte de águas jorrasse de suas entranhas, em jatos gélidos e cristalinos, caprichosamente represados em pequena barragem, onde humanos e animais se matavam a sede. Frondosas árvores rodeavam o bucólico e surpreendente local, deitando generosa e fresca sombra, protegendo do calor intenso as flores que vicejavam, formando coloridos e perfumosos tapetes estendidos pelas ribanceiras. Toscos bancos convidavam ao repouso e à reflexão...

Modesta, a casa de brancas paredes, com seus quartos voltados para as floridas escarpas, rodeada pela vegetação luxuriante, representava inesperado refrigério às almas em sofrimento. Muitas vezes, abastados viajores, surpreendidos pelas tempestades ou pelo cansaço, dela se aproximavam cautelosamente, atraídos pelo lume que parecia brilhar com maior intensidade em seu interior. Então, lado a lado com os necessitados, serviam-se de frugal e saboroso repasto, sentindo a paz que acalmava o coração, revigorando a alma exausta dos embates do mundo.

Após a ceia, um homem de serenas e bondosas feições falava invariavelmente sobre o Nazareno. Alguns nunca haviam ouvido mencionar o nome do Rabi, afeitos que estavam somente às coisas da Terra, desligados da verdadeira essência do ser. Muitos o conheceram e o aceitaram naquela sala... Os providos de recursos, ao sair, não raro deixavam generosa espórtula, que o homem rapidamente transformava em providenciais víveres para seus infortunados. Pão do corpo e da alma...

Nos fundos da casa, um pouco de tudo, evidenciando a procedência do despojado proprietário. Suas mãos calosas e fortes, ao longo dos anos, retiraram pacientemente as pedras e escolhos que recobriam o improdutivo e pobre chão, afofando-o, adubando o estéril terreno com perseverança, investindo para o futuro. Lentamente, a terra agradecida correspondia aos cuidados do amoroso lavrador, devolvendo-lhe a dedicação. As mesmas mãos lançaram as sementes, escolhidas com cuidado e discernimento, e a chuva de Deus caiu sobre o solo lavrado com carinho, fazendo as plantas germinarem. Paciência, perseverança, Amor...

À noite, à luz das candeias, ele semeava as palavras do Mestre nas almas que a Providência colocara em seu caminho, removendo grossas camadas de ignorância e insensatez, preparando o terreno para a colheita que se faria talvez dali a séculos... Ou milênios...

Paciência, perseverança, Amor...

Jamais tornou a ver Júlia, a mulher sempre amada...

Nunca a esqueceu! Uma doce saudade inundava-o sempre...

Estática no tempo e no espaço, permaneceu a lembrança: esguia, suave, negros e longos cabelos, azuis olhos a refletir o céu da Judeia, mãos consoladoras e ternas...

Às vezes, ao acordar depois de bem dormida noite, recordava-se de sonhos imersos em felicidade: ela e Jesus, o doce Mestre que lhe tornara possível transformar a existência em um hino de amor à Humanidade. Então sorria, aprestando-se em abandonar o leito, pois as tarefas aguardavam-no... Não havia tempo para lamentações estéreis!

Quando os anos pesaram, inutilizando-o para o trabalho ativo, observou com renovada alegria que não lhe faltavam sucessores: haviam chegado, ulcerados na alma, feridos pelos infortúnios da vida, mergulhados em desesperança, encontrando em Jesus o alívio para seus fardos, tomando sobre os ombros o jugo suave e amorável do Messias, aprendendo e aguardando que Ele os chamasse para o trabalho na vinha do Senhor.

Ao abandonar a vida física, sereno e feliz, Júlia aguardava-o na dimensão espiritual... Linda, jovem... Para ela o tempo não passara! Olhou-se... Para ele também não, pois continuava o mesmo jovem alto e bronzeado pelo sol dos campos!

Não poderia ser diferente, o Mestre assim o dissera, em um dia perdido no passado, de inolvidável recordação...

Naqueles tempos, a saudade pungia dolorosamente, a aceitação da perda da mulher amada obedecia aos ditames da razão e não aos do coração. Durante um dos muitos serões do Mestre em casa de um de seus seguidores, não pudera evitar as lágrimas, não obstante o esforço para ocultá-las dos demais. Jesus afastara-se do grupo, discretamente chegando perto do moço judeu, e ele jamais olvidaria suas palavras e o tom de sua voz:

– Dói, meu amigo, eu o sei. No entanto, outra não poderia ser a escolha... O dever determinou-a! Aos poucos, convencerás teu coração a aceitá-la, pois jamais haverá felicidade real quando invadirmos o espaço alheio, infelicitando outros em proveito próprio. Renunciar, meu amigo, não significa perder para sempre, mas sim adiar aquilo que momentaneamente não é possível... Breve é a encarnação do homem sobre a Terra; longa e imortal é a destinação do Espírito! Assim sendo, os reencontros inevitavelmente ocorrem, acrescidos de condições mais propícias, em decorrência da evolução espiritual dos envolvidos. Encontrá-la-ás, eu garanto, sem os entraves da atual existência! Portanto, cuida de silenciar tua dor, compreendendo que logo findará. Tem paciência, estendendo aos que sofrem o teu amor, não o desperdiçando em inúteis lamentações e temores. Paciência e Amor! Esperança!

Depoimento

Amor! Mola propulsora da evolução do ser! Do instinto à angelitude, qual a criatura que não trilhou difíceis caminhos afetivos, enfrentando desafios e vicissitudes decorrentes da momentânea imperfeição do sentimento maior?

Na impossibilidade de sublimação ou renúncia, em casos de avassaladoras paixões ou amores impossíveis, muitas vezes vacilamos, fugindo à perda, temendo a solidão, o desamor, dominados pelo apego, pela posse. Então, por longo tempo, séculos provavelmente, estaremos sujeitos à lei de ação e reação, educando-nos em sucessivas e imprescindíveis encarnações, convivendo com as pessoas que destruímos ou prejudicamos, aprendendo a amá-las com o amor postulado pelo Cristo, pleno e incondicional, destituído de vínculos.

Sem dúvida, o Mestre deixou-nos lições de eterna e indescritível beleza, contudo ainda não logramos gravá-las em nossos corações, limitando-as à mera verbalização. Quando a hora do testemunho se faz presente, relutamos em seguir pela porta estreita, temendo os percalços da árdua estrada.

Quão difícil foi dizer não àquele amor! Renunciar aos sonhos e ilusões da juventude, aos arroubos da paixão... Ficar sem o homem amado, ser obrigada a desposar o pretendente de escolha paterna, com ele partilhar o leito conjugal, gerar filhos... No entanto, muito pior seria a outra opção, acarretando sofrimento a meu próximo! Como ser feliz quando nossa ventura causa dor aos que amamos, desperta a revolta, provoca atos infelizes? Co-

nhecendo muito bem meu pai e a filosofia de vida dos romanos, certamente a vingança seria terrível!

Renúncia! Jamais me arrependi, abençoando a decisão tomada em cada dia de minha existência, aprendendo a conviver com a realidade. O sublime conceito de amor incondicional pregado pelo Mestre auxiliou-me a pacificar a alma, suavizando as agruras do matrimônio indesejado, tornando possível encarar o esposo com fraternos e caridosos olhos, aceitando-o como um companheiro querido, grata presença a ser respeitada.

Jugo leve! Longos anos foram necessários para aceitar tudo isso, acreditem! Muitas vezes chorei, mas resignei-me aos desígnios de Deus, impedindo que o coração guardasse revolta, mágoa...

Hoje, quando esta história integra um livro espírita, alegro-me pelo fato de o parágrafo selecionado da obra de Kardec ser justamente aquele que menciona o consentimento da razão e o do coração.

Em nossas existências, nem sempre podemos optar pelos anseios do coração... Jesus revelou o caminho correto, aquele que delimita nossos deveres em relação aos outros e a nós mesmos; qualquer desvio implicaria consequências amargas, futuras ações retificadoras. Seguramente, meu apaixonado coraçãozinho almejava seguir em companhia do amado, mas a razão falou mais alto. No decorrer dos anos, o coração acabou com ela concordando, postergando o encontro amoroso para o momento certo. Resignei-me.

Em termos evolutivos, podemos considerar-nos crianças, trilhando caminhos necessários ao nosso crescimento, às vezes difíceis, custosos, requisitando que verguemos a cabeça frente a situações alheias a nosso controle. Nem sempre poderemos exercer nosso livre-arbítrio sem penosos resultados! Houvesse mais obediência e resignação às leis divinas, o homem sofreria menos sobre a Terra! Quantas vezes a ilusória felicidade em passageira encarnação acarreta séculos de sentidos prantos e acerbas lutas de reajuste e perdão!

Tudo passa! Reencontros processam-se, as almas retornam à vida espiritual e os laços afetivos são reatados... Sublimar afetos impossíveis ou inadequados ao nosso momento evolutivo requer paciência, resignação, renúncia, constituindo conquista do ser.

Júlia

O filho Pródigo

"Ouvistes o que foi dito: Amarás o teu próximo e odiarás o teu inimigo. Eu, porém, vos digo: Amai os vossos inimigos e orai pelos que vos perseguem; desse modo vos tornareis filhos do vosso Pai que está nos céus, porque Ele faz nascer o seu sol igualmente entre maus e bons, e cair a chuva sobre justos e injustos. Com efeito, se amais aos que vos amam, que recompensa tendes? Não fazem também os publicanos a mesma coisa? E se saúdas apenas os vossos irmãos, que fazeis de mais? Não fazem também os gentios a mesma coisa? Portanto, deveis ser perfeitos como o vosso Pai celeste é perfeito."
(Mateus, cap. V, v. 43 a 48).

"O dever é a obrigação moral da criatura para consigo mesma, primeiro, e, em seguida, para com os outros."

"O dever principia, para cada um de vós, exatamente no ponto em que ameaçais a felicidade ou a tranquilidade do vosso próximo; acaba no limite que não desejais ninguém transponha em relação a vós."

"O homem que cumpre o seu dever ama a Deus mais do que as criaturas e ama as criaturas mais do que a si mesmo." (O Evangelho Segundo o Espiritismo, cap. XVII)

Amanhecia.

Aos primeiros raios do sol, a cidade de Magdala serenamente despertava. Quem fixasse os olhos no céu de estupendo azul depararia com derradeiros vestígios de esmaecida lua, que o sol rapidamente se encarregaria de ofuscar; sobre a relva, as gotículas de orvalho da madrugada entremeavam o caminho com tremeluzentes diamantes; cálidas e suaves brisas esparziam nos ares o perfume das flores. Derradeiras carroças, abastecidas de alimentos, dirigiam-se ao mercado, e o movimento aumentava à medida que portas e janelas eram abertas, as vozes difundindo-se na clara manhã, acompanhadas de risos e altercações bem humoradas.

Àquela hora, as pessoas simples faziam das ruas e vielas seus domínios, pois as mais abastadas dormiam a sono solto, extenuadas pelas festivas atividades noturnas, tão comuns à época, principalmente naquela cidade, paraíso dos ricos e amantes da vida despreocupada.

Afastada de todo bulício da metrópole, a luxuosa vivenda erguia-se em amplo outeiro, cercada por magníficos jardins. Árvores de secular e elevado porte compunham o pequeno bosque nos fundos da propriedade, onde sequer faltava a cascata de cristalinas águas, precípite sobre patamares de pedras, cercada de velutíneo musgo e plantas exóticas e raras, deslizando depois sobre alvo leito de areia e pedregulhos. Nas frondosas copas, os pássaros entreteciam álacre algazarra, saudando o esplendor do dia que se anunciava. Denso e agradável odor de terra úmida e flores pairava no ar e, vindo dos lados da cozinha, o cheiro de pão de trigo espalhava-se, logo secundado por outros igualmente tentadores.

Os servos, naquela manhã, dispunham de farto material para suas conversas. O amo, de natural comedido e sóbrio, apreciador de estudos e trabalho logo às primeiras horas, dormia em seu quarto, recém-chegado de estrondosa festança em casa de conhecido cidadão de Roma, célebre por sua predileção em receber a fina elite da sociedade local, proporcionando-lhe diversão e libidinagem, de forma irrestrita e franca. O moço romano, conquanto não apreciasse tais entretenimentos, acedera em comparecer ao da noite anterior, entregando-se ao vinho de forma incomum, retornando a casa em lastimável estado de inconsciência.

– Precisavas ver, minha bela, foi necessário carregá-lo! E como pesa o senhor nosso amo! Se não fossem os demais, não teria conseguido! E bem sabes que sou forte... Carregamo-lo escadas acima, colocando-o sobre o leito, vestido como estava mesmo, pois nos pareceu o melhor. Agora está lá, desmaiado! Deixemos que durma, só assim se cura bebedeira das grandes! E que bebedeira! Por Baco! Pobrezinho! Ao acordar, verá o que é bom!

O jovem escravo conversava com sedutora serva, que sobraçava cesta de vime repleta de flores há pouco colhidas, destinadas aos inúmeros vasos da casa, conforme os gostos do senhor. Ela o fitava com admirativos e faceiros olhos, enquanto esticava o colóquio:

– E a festa? Conta-me os detalhes, pois morro de curiosidade! Havia muita gente? Certamente! Que tola sou! Belos senhores, lindas senhoras... Queria mesmo ver os trajes, as joias...

– Terias ficado de queixo caído, minha linda! Mas o que te impressionaria mais, com toda a certeza, seria a confusão reinante, a pouca vergonha! Provavelmente o amo bebeu tanto para poder suportar a companhia daquelas pessoas... Bem sei que ele não concorda com tais atitudes! Se tu achas que aquelas damas são o que aparentam, enganas-te; após algumas taças, perdem toda compostura, portando-se como as de má reputação, a quem desdenhosamente classificam de ralé... Comprazem-se com os despautérios, rindo de coisas que nos fariam sair correndo da sala... Uma delas, mais afoita e despudorada, puxou-me para um canto, tecendo-me elogios, falando coisas aos meus ouvidos que nem imaginas! Impossível até de repetir... Tratei de esgueirar-me dali bem depressa, aguardando o amo junto ao carro! Bem sei que, passado o efeito dos vapores alcoólicos, a tal senhora me levaria à conta de um aproveitador e ai de mim! Tu te lembras do servo nosso vizinho, que se meteu em tal e semelhante encrenca e acabou morto, pois a senhora envolvida achou melhor mandá-lo eliminar para fugir aos motejos das amigas?! Eu, hein?!

E a conversa seguia seu rumo, sempre girando em torno da

insólita saída do jovem amo e dos detalhes da recepção.

– Lembras daquele amigo do amo, aquele que aparece de vez em quando, o que veio para a ceia de aniversário do senhor Caio, acompanhado da esposa, aquela loura alta, lindíssima?

Ao assinalar afirmativo da cabecinha da serviçal, prosseguiu, baixando a voz, como se temesse que alguém o escutasse:

– Ele bebeu tanto, tanto, que arriou em um dos cantos do salão antes mesmo das atrações iniciarem... Em vão tentaram reanimá-lo, mas acredito que ninguém realmente se importava com isto... Ficou lá, desacordado... Pois bem, a esposa sequer o acudiu, partindo para os lados de nosso amo... Tentou até puxá-lo escada acima, rumo aos quartos, onde muitos já se instalavam, aos pares e até em grupo... O pobre do nosso amo não sabia como se livrar dela... Para sorte dele, um outro, com uma toga pomposa e muitas joias, cujo nome desconheço, arrebatou-a, levando-a para os jardins... Só assim o senhor teve sossego! Quando vi aquilo, aproximei-me e perguntei se ele queria vir embora... Achei que fosse aceder, mas titubeou e persistiu em ficar... Aí a tal patrícia, aquela que já citei, insinuou-se para o meu lado e tive que sair... Não sei o que ocorreu depois!

Enquanto isso, em local estrategicamente posicionado na enorme casa, longe da criadagem, em aposento amplo e adornado com simplicidade e impecável gosto, o alvo de tamanha curiosidade e falatório dormia. No ar, emanações alcoólicas entonteciam, denunciando as atividades a que se dedicara nas últimas horas.

O quarto refletia a personalidade do dono. Tapetes preciosos revestiam o piso, acolhendo o largo leito de madeira de lei; armas diversas ocupavam os espaços, dizendo da predileção do jovem pelos esportes e artes correlatos. Sobre amplas e largas mesas, pergaminhos e papiros misturavam-se, sinalizando o hábito de estudo e pesquisa.

A tarde quase findava quando o jovem finalmente despertou, gemendo e amparando a dolorida e sensível cabeça. Terrível indisposição, resultado das incontáveis taças de vinho, atormentava-o. O quarto girava sem parar. Em voz baixa e cautelosa, evitando abalar ainda mais o fragilizado corpo, chamou o escravo que habitualmente o servia, lamentando a provável demora no atendimento.

Engano seu! Um jovem e simpático rapaz adentrou o aposento de imediato, pois passara o dia na pequena saleta anexa, antevendo os desconfortos da incomum bebedeira. Nas mãos, uma taça, contendo escura beberragem, eficaz tisana no combate aos excessos, principalmente os alcoólicos. O moço bebeu de uma só vez, repudiando o copo com nojo, maldizendo o amargor do remédio. Ajudado pelo servo, recostou-se nas almofadas do leito, fechando os olhos, aguardando que o mal-estar o abandonasse. Vagarosamente, tudo foi melhorando e o aposento deixou de girar e balouçar. Enquanto isso, outros serviçais lhe preparavam o banho morno em enorme banheira, na qual ele submergiu com suspiros de alívio. Do sortido e tardio desjejum, somente retirou algumas frutas, que lhe mitigaram a secura da boca, refutando as apetitosas massas com enfaro.

Ordenou deixassem-no só. No silêncio, as janelas veladas por pesadas cortinas, entregou-se a conflitantes pensamentos. O dia anterior fora surpreendente! Quem seria realmente o tal Homem? Por que lhe causara tamanha impressão, a ponto de amedrontá-lo, fazendo-o buscar nas ilusões do mundo a fuga para seus medos? Se não fosse o Estranho, jamais teria concordado em comparecer àquele absurdo festim! Recusaria uma vez mais o convite...

Filho único de rico comerciante, jamais o dinheiro constituíra empecilho em sua privilegiada existência. O pai, digno e respeitável cidadão romano, escolhera a bela cidade de Magdala, rico e próspero porto à beira-mar, para expandir suas atividades comerciais, acertando em cheio em sua opção, pois o capital aplicado se multiplicara, enriquecendo-o. Probo, de afável natureza, amealhava amigos e clientes com facilidade, tornando-se um dos mais importantes sustentáculos da economia local e pessoa muito grata onde se apresentasse. Infelizmente, a morte cedo lhe barrara os passos, sendo seguido, meses depois, pela amorosa e dependente esposa, vitimada por estranha e inexplicável doença, talvez saudade, que lhe minava o ânimo de viver, fazendo-a olvidar o destino do filho, órfão e sem parentela próxima.

Nele depositando seus sonhos e esperanças, os pais educaram-no primorosamente, disponibilizando-lhe os melhores mestres. Inata inteligência e estudos, aos quais prazerosamente se entregava, tornaram-no figura destacada entre os doutos. Habilidade extrema com armas e robusta compleição garantiram-lhe o respeito dos mais agressivos e rudes. Assim, consideravam-no deveras interessante, sendo sua presença solicitada constantemente por uns e outros.

Embora não portasse nenhum título de nobreza, a imensa fortuna herdada reforçava o apreço que os romanos e até mesmo os judeus insistiam em lhe demonstrar.

Diziam-no belo, embora ele mesmo não se preocupasse com seu aspecto, uma vez que os estudos e o trabalho constantes e ininterruptos ocupavam seus dias, tornando-os curtos para frivolidades. Embora excessivamente sóbrio no trajar, à revelia dos costumes e modismos que medravam então, os trajes austeros, ao invés de desmerecê-lo, ressaltavam-lhe a beleza máscula e o atlético porte, desenvolvido pelo adestramento com as armas e saudáveis hábitos de vida. Julgava perda de precioso tempo entregar-se às festas noturnas, à semelhança do que faziam compatriotas seus, esgotando-se em lautas mesas de banquete ou exacerbando o espírito com jogos de amor e sedução. Herdara do pai os olhos cinzentos e a pele morena; da mãe, criatura gentil e encantadora, os loiros cabelos e a formosura.

A luxuosa e enorme casa não raro lhe parecia demasiada e vazia. Cogitara muitas vezes em se casar, ter filhos, mas não lograra encontrar alguém que lhe despertasse profundamente o coração. A maioria das mulheres decepcionavam-no após os primeiros contactos, quando nelas percebia a ausência de nobres sentimentos e mínima sabedoria, simples corpos esteticamente belos, adornados e perfumosos, mas sem aquele algo mais, imprescindível para uma convivência harmoniosa. Como se a indiferença do jovem as estimulasse, elas cercavam-no, assediando-o constantemente, e ele, embora não soubesse descrever com precisão o que a alma buscava, persistia em rejeitá-las para compromissos sérios, o que não o impedia de entretecer romances ligeiros e isentos de maiores compromissos com algumas.

Repartia o tempo entre a administração do imenso patrimônio de que se fizera herdeiro único, dando continuidade às atividades desenvolvidas pelo falecido pai, sem jamais descurar dos estudos. Para manter a forma física, era comum vê-lo, logo ao amanhecer, exercitando-se com as armas, sendo considerado temível adversário, embora jamais houvesse levantado a mão contra alguém, abstraindo-se de contatos belicosos pelo simples prazer de matar ou ferir.

Os deuses de seus pais ocupavam os altares domésticos e ele os honrava mecanicamente, cumprindo os rituais. Jamais questionara o papel deles em sua existência, mesmo porque se considerava ditoso, nada o importunando a ponto de justificar uma análise mais acurada da questão do destino do ser sobre o planeta Terra.

A vida transcorrera tranquilamente e sem maiores dúvidas até o dia anterior...

Exatamente na véspera, a liteira o conduzia aos arredores do porto para as costumeiras diligências comerciais. Enorme carregamento de especiarias e objetos de arte breve chegaria, requerendo do jovem um maior cuidado e direcionamento das preciosidades. Satisfeito, ocupava o tempo do extenso percurso em analisar antigo pergaminho recém-adquirido, a mente dividida entre os navios mercantes e as informações contidas nos escritos. Assim, mal se apercebera da imprevista parada dos bem treinados escravos, secundada pela colocação da cadeira ao solo, enquanto aguardavam a saída das pessoas do caminho. Maquinalmente, ainda com os olhos presos ao interessante manuscrito, cuidara de afastar as cortinas, incentivando os carregadores a prosseguir, manifestando pressa. Um breve olhar, contudo, bastara para que se calasse, entendendo o absurdo de suas invectivas.

Imensa multidão lotava a praça junto ao cais, impedindo toda e qualquer passagem. Surpreso, pusera-se a observar as pessoas... De onde teriam vindo? Um cheiro acre e nauseante de sujeira e suor, de chagas e pus, incomodara-lhe as narinas, fazendo com que instintivamente se retraísse. Ali se encontrava a escória, os aleijados física e emocionalmente, os cegos e os transtornados... No entanto, ao invés da esperada balbúrdia, todos se mantinham surpreendentemente quietos, estáticos, olhares fixos em um Homem...

Ocupando improvisada tribuna, formada pelas enegrecidas pedras de formosa fonte d'águas, Ele desenvolvia singular preleção, sua voz repercutindo na amplitude do lugar.

Impossível ignorar-lhe a impressionante figura, destacada contra o anil do céu da ensolarada tarde. Esbelto e forte, de traços marcantes e bronzeada pele, vestido com as roupas comuns aos habitantes da terra, apresentava-se imáculo, transmitindo uma sensação de limpeza física e espiritual. Os cabelos, à altura dos ombros fortes e retos, agitavam-se suavemente à brisa; a barba, macia e cuidada, circundava lábios que emitiam palavras de surpreendentes firmeza e doçura.

O Homem contava uma história

A princípio, julgara tratar-se de algo ingênuo e simples, ao alcance dos humildes que o cercavam. Depois, prestando atenção, apercebera-se das entrelinhas da narrativa, localizando profundos e significativos ensinamentos, somente perceptíveis aos dotados de maior sensibilidade. O espanto sucedera à inicial descrença e ele mergulhara nas palavras do Pregador, profundamente impressionado com suas revelações.

A esta altura, seus escravos, à custa de muita insistência e rogos, conseguiam liberar o caminho, erguendo a liteira e encetando a continuidade do trajeto. Impedira-os sem demora, ao mesmo tempo em que abandonava os assentos, descendo para a via pública, sob preocupados protestos dos serviçais. Repelindo-lhes a solicitude, abrira caminho entre a multidão, intentando aproximar-se do palestrante. Inesperadamente, não encontrou resistência... Breve se encontrava a poucos metros do Homem...

Então, Ele havia silenciado e a multidão agitava-se, como que impulsionada por invisível mola. Descendo das pedras, o Homem permanecera à frente da murmurante fonte, aguardando...

Foi então que o jovem romano encontrou os olhos da Criatura: claros e mansos, suaves e compreensivos, ternos e piedosos, determinados e tolerantes... Breve e fugidio instante em que seus olhares se entrelaçaram e o Rabi sorrira, um leve sorriso de ternura e cumplicidade, como se assinalasse um reencontro...

Imensa fila, instintivamente organizada pelos suplicantes, desfilava diante dAquele a quem chamavam Jesus. Nunca o moço patrício tivera a oportunidade de encarar frente a frente as dores do mundo! Ilhado em sua magnífica casa, entre os estudos e o trabalho circunscrito a pessoas de muitas posses, ignorava que a dor pudesse atingir seres humanos com tamanha força e em tais níveis e aspectos. Crianças, mulheres, velhos, jovens, todos envoltos em inimaginável ciranda de sofrimentos... Atônito, olhos marejados de lágrimas, presenciava o Homem tocá-los, abraçá-los, dizendo palavras de consolo, recomendando atitudes de resignação, sugerindo novas posturas em relação à vida... Testemunhara o Estranho impondo as mão, ordenando que as feridas cicatrizassem, que os membros se esticassem e fortalecessem, que as repugnantes chagas da morfeia se fossem, cedendo lugar à saúde.... Observara seu pranto piedoso, as lágrimas descendo mansamente pelo exausto rosto, quando a jovem mãe estendera em sua direção o filhinho nos estertores da morte e Ele confirmara que seria melhor deixá-lo ir... Conquanto visualizasse o pretérito delituoso de cada alma e os laços que as envolviam, nem por isso deixava de entender e respeitar a dor da desesperada mãe... Assim, com consoladora voz dissera:

– Filha, é melhor que tua criança abandone o corpo físico para que futuramente possa almejar melhores condições encarnatórias. Deixando-o ficar, permitindo sua permanência por mais tempo na carne, estarei impedindo importantes mudanças, imprescindíveis a seu progresso espiritual. Além desta vida, existe um mundo onde a alma se refaz e haure forças e conhecimentos para prosseguir na trajetória evolutiva. Acredita-me! Breve o terás de volta nos braços, em nova roupagem terrena, e poderás amá-lo e com ele conviver novamente... Por enquanto, tudo seguirá o rumo previsto... Que o Pai abençoe a ambos!

Anoitecia quando as últimas pessoas se foram. Sentado nas pedras da fonte, o jovem assistira à sua partida, em meio àqueles que julgava serem seus aprendizes, pela maneira reverente como o tratavam. Embora ansiasse por lhe falar, receara incomodá-lo. Parecia tão cansado... Além do mais, enormes dúvidas agitavam sua alma e uma estranha sensação, como se iminentes estivessem importantes acontecimentos, decisivas deliberações.

Retornara a casa iluminada e aconchegante, ocultando-se no quarto, abandonando o corpo sobre o triclínio predileto. Os pensamentos e ideias conflitavam com valores e crenças pelos quais havia pautado sua existência até aquele momento. Sentia o peito opresso, agoniava-se sem conseguir definir o porquê de tamanha aflição e tal desconforto... Saltara do divã em um ímpeto, instintivamente, dirigindo-se ao pequeno altar em um dos cantos, iluminado pelas luzes de aromáticas velas. A mãe, extremamente fervorosa, ali o colocara desde que passara a ocupar o aposento, recomendando-lhe jamais se afastasse das tradições familiares ou deixasse de honrar suas obrigações.

Obrigação...

Pela primeira vez, aquilatava o significado daquela palavra, tomando consciência de que, até o momento, havia cumprido com obrigações, obedecendo a rituais que vinham passando de pai para filho, sem que seu coração estivesse presente, em cegos testemunhos de fé... Fé! Na realidade, estava acomodado a práticas, ritos que se repetiam mecanicamente, condicionados no correr dos anos! Que diferença entre seus deuses e o Deus daquele Homem, entre seus sentimentos por eles e o que o Profeta sentia por Aquele a quem amorosamente chamava de Pai. Amor, ali estava a diferença crucial! Ele amava o Criador e as criaturas, de maneira incondicional e plena, com total menosprezo pelas convenções do mundo, de maneira desapegada, todo entregue a seu ministério.

Quem seria realmente aquele surpreendente e carismático Estranho, que lhe aparecera como se banhado em diáfana luz? Quem seria o Homem que curava corpos e orientava almas? Assistira ao restabelecimento da saúde física de muitos, mas também pudera notar a presença dos sadios de corpo e enfermos da alma... E estes encontravam no Rabi a esperança necessária para prosseguir, a coragem sem a qual sucumbiriam nos abismos da materialidade imediatista e vã...

Novamente no triclínio, suave letargia o envolvera, uma incomum sonolência, e ele adormecera sobre o improvisado leito, somente despertando horas depois. Para seu desespero, o intrigante encontro continuava a importuná-lo... Na impossibilidade de concretas respostas, decidira-se a esquecer o tal Rabi, pois os questionamentos lhe faziam mal, intranquilizavam-no... Subitamente, insólita ideia se manifestara: por que não se divertir, realizar uma incursão noturna que o afastaria de conflitos perigosos e inúteis?! Iria à festa do mais conhecido anfitrião da cidade! Afinal, tantas vezes fora convidado, certamente seria recebido com honras... Com certeza se acalmaria! Amanhã tudo voltaria ao normal!

Entusiasmado com a pretensa resolução salvadora, bradou pelos surpresos criados, ordenando banho perfumado e luxuosa indumentária. Desdenhou o jantar oferecido, pretendendo alimentar-se mais tarde, em companhia alegre e divertida. Os rostos famintos e esquálidos dos seguidores de Jesus momentaneamente lhe vieram à mente... Certamente passavam fome, o escasso alimento repartido entre muitos... Entre os romanos, nos licenciosos festins, era comum provocar o vômito, possibilitando novamente o prazer da ingestão de iguarias e vinho, sempre abundantes... Afastou com veemência as reflexões! Vinho, mulheres e alegria bastariam para olvidar o Profeta e o chamamento interno que lhe precipitava o coração! Desejava preservar o sossego de até então, afastar-se de posicionamentos suspeitos, dúvidas, pesares... A vida era tão boa, para que inutilmente desestabilizá-la? Loucura!

As róseas claridades da aurora assistiram à sua saída do palacete, ébrio e risonho, deixando para trás os restos do banquete e os convivas, em sua maioria inconscientes sobre os tapetes e divãs, ou distribuídos pelos inúmeros aposentos, acompanhados ou não... À porta do carro, desabara, sendo amparado pelos assustados servos, surpresos com o estado do amo, usualmente comedido nas diversões, sóbrio e equilibrado.

Assim o encontramos naquela manhã, em meio aos torpores produzidos pelos prazeres da festa. O dia transcorreu lentamente... Ao anoitecer, fâmulo garridamente vestido apresentou-se, portando magnífico ramalhete de rubros cravos, de delicioso e pungente odor, acompanhado de irreverente e maliciosa missiva. A mulher que o assediara na véspera insistia... Aborrecido, desvencilhou-se do servo, ordenando aos serviçais conduzissem-no até a porta, ignorando os rogos do pobre para que escrevesse algumas linhas à sua ama, em resposta à mensagem. Ela se aborreceria, condenando-o a triste castigo...

Caio lançou as inocentes flores sobre rica mesa, onde permaneceram esquecidas, até que uma das escravas depôs os ramos em artístico vaso, com ele adornando um dos cantos da sala. O romano abstraíra-se de tudo, olhar perdido no espaço, acomodado em um dos bancos da florida varanda. Da noite de prazeres, inútil tentativa de aplacar os anseios da alma, nada lhe restara a não ser a triste sensação de asco e tédio. A lembrança da bela mulher, excessivamente pintada, envolta em vestes diáfanas e sensuais, de linguajar grosseiro e libidinoso, provocou-lhe arrepios de desagrado... Tivera muito trabalho para dela se livrar! E, pelo visto, não conseguira! Os magníficos cravos haviam procedido das estufas de uma das mais ricas e tradicionais famílias romanas... A que ponto haviam chegado!

Por mais que tentasse, não conseguia esquecer a figura do Rabi, falhando no intento de racionalizar suas palavras ou enquadrar-lhe os conceitos nas habituais crenças, muitas provindas de seus ancestrais, herdadas sem contestação, da mesma maneira como se transmitiam e recebiam as fortunas materiais... Jamais pensara naquilo dantes! Profunda luta estabelecia-se em seu interior, sem falar na insopitável curiosidade. Precisava vê-lo novamente, ouvi-lo, perguntar-lhe por que sua tranquilidade se fora...

No dia seguinte, bem cedo, buscou informar-se sobre o tal Profeta. Os amigos e companheiros de trabalho não o conheciam, no cais poucos sabiam dEle, limitando-se a dizer que ali estivera um único dia, partindo sem deixar indicações de destino. Qual seu nome? Jesus!

Caio Marcus desesperou-se, deduzindo que nunca mais o veria! Habituado aos estudos e à meditação, pretendera aproximar-se do Rabi, entrevendo preciosas possibilidades com tal convívio. Quantos tesouros não estariam escondidos no âmago da impressionante Criatura! Certamente a pregação fora um átomo do enorme acervo de conhecimentos de que era detentor... A história, aparentemente simples e ingênua, continuava a martelar-lhe os ouvidos... Esforçou-se, procurando recordá-la do modo como Jesus a narrara:

– "Um homem tinha dois filhos. O mais jovem disse ao pai: "Dá-me a parte da herança que me cabe, pois dela preciso para sair ao mundo e cumprir meu destino!" Complacente, o pai dividiu os bens entre eles. Poucos dias depois, ajuntando todos os seus haveres, o filho mais jovem partia em direção a longínquas terras, dissipando pouco a pouco, em vida devassa e improdutiva, seu legado.

E gastou tudo...

Tempos depois, grande fome se abatia sobre aquelas paragens e ele começou a passar privações. Foi então empregar-se com um dos homens daquela região, que o mandou para seus campos cuidar dos porcos. Ele queria matar a fome com as bolotas que os porcos comiam, mas ninguém lhas dava. Caindo finalmente em si, considerou que os empregados do pai tinham pão em fartura e ele ali estava, morrendo de fome! Decidiu retornar ao lar e dizer: "Pai, pequei contra o céu e contra ti; já não sou digno de ser chamado teu filho. Trata-me como um dos teus empregados". Encheu-se de coragem e partiu...

Estava ainda ao longe quando seu pai o viu, enchendo-se de compaixão, correndo e lançando-se-lhe ao pescoço, cobrindo-o de beijos. O filho, então, disse-lhe: "Pai, pequei contra o céu e contra ti, já não sou digno de ser chamado teu filho". Mas o pai disse a seus servos: "Ide depressa, trazei a melhor túnica e revesti-o com ela, ponde-lhe um anel no dedo e sandálias nos pés. Trazei o novilho cevado e matai-o. Comamos e festejemos, pois este meu filho estava morto e tornou a viver, estava perdido e foi reencontrado!"

A história seguia adiante, narrando a decepção e a revolta do irmão mais velho ao constatar a misericórdia do pai e sua alegria com o retorno do filho pecador e inconsequente.

Caio Marcus não se conformava! Por que a parábola não lhe saía da cabeça?! Uma inexplicável emoção, como se ele mesmo fosse esse filho esquecido de seus deveres, ansiando pela volta, temendo ser rejeitado...

Nos dias seguintes, em vão palmilhou a cidade e arredores... O Rabi desaparecera, como se tragado pelas ondas do mar! Sua figura, de destino incerto e ignorado, povoava-lhe os pensamentos; seus ensinamentos, conquanto apenas entrevistos, iniciavam singular processo de reforma íntima e consequente conscientização de que a existência não se resumia em acúmulo de bens ou desfrute de prazeres... Ainda que não se apercebesse plenamente da relevância do processo de mudança, pressentia a necessidade premente de ouvir mais, saber mais... Esquecera algo muito importante, deixara de cumprir essencial compromisso, estava em falta com seus deveres... Como?!

Os servidores, afetivamente ligados ao amo bom e justo, preocuparam-se com seu estado. Já não lhe ouviam o riso alegre durante as sessões de treinamento, agora abandonadas, para desespero dos instrutores. Não se entregava aos estudos, os pergaminhos relegados sobre as mesas. O alimento retornava praticamente intocado. Julgaram-no doente e, à revelia de seu conhecimento e vontade, atreveram-se a contatar o médico da família, temendo algo pior. Certamente enlouquecera, ou isso estava prestes a acontecer, pois se quedava no quarto ou no silêncio dos bosques, repudiando qualquer aproximação!

O jovem recebeu o conceituado esculápio com cortesia, asseverando-lhe nada padecer. Compreendendo o interesse dos servos, calou críticas e condenações, aproveitando o momento para inquirir o doutor sobre Alguém que curava com simples imposição de mãos... Mais uma vez, o pretenso enfermo frustrou-se! Além de não conhecer a Criatura descrita pelo ilustre romano, o médico repudiou veemente tais práticas, imputando-as aos charlatães...

Será? Um charlatão?! Mas assistira às curas... As muletas haviam sido abandonadas, chagas sumiram, olhos enxergaram... Tudo não passara de truques para iludir incautos? Qual o lucro que o Rabi teria com isso? Que lhe poderiam dar aqueles coitados? Mal tinham para si mesmos! E Ele nada pedira em troca... Talvez alimentasse propósitos escusos, pretensões políticas, religiosas... Quanto mais pensava, menos encontrava o caminho!

Foram os escravos, os simples e humildes, que resolveram tentar auxiliá-lo uma vez mais, dele se achegando durante um de seus intermináveis passeios pelos jardins. Irritado, Caio Marcus bruscamente indagou:

– Que aconteceu? Por que me espreitais?! Estou cansado de assinalar vossas presenças em todos os cantos! Pensais que estou louco? Não tolerarei novas intromissões, como aquela do médico... Ponho-vos a ferro... Melhor! Vendo-vos para alguém melhor, que não esteja leso das ideias...

– Amo, perdoai-nos o atrevimento, mas achamos que estais acometido de estranho mal, pois não vos alimentais direito, emagreceis a olhos vistos a cada dia, as cores abandonaram vosso rosto... Assemelhais-vos a um morto-vivo, perambulando pelos escuros do bosque ou derribado sobre os bancos dos jardins, olhar vago e distante... Estamos preocupados, amo! Sempre fostes bom, generoso, justo... Desejamos ajudar... Conhecemos Alguém que poderá aliviar as dores de vossa angustiada alma e vos restituir a preciosa saúde...

Eles, os simples, conheciam Jesus! Os doutos e sábios não o reconheceram e aceitaram, mas os humildes, sim!

Na mesma noite da generosa proposição, sob escuro dossel rutilante de estrelas, um barco levou o jovem romano para os lados de encantadora aldeia de rudes pescadores e ele se encontrou com Jesus. Simplesmente trajado, evitando sobressair em meio aos demais, aproximou-se do quintal da despretensiosa moradia, orientado pelos serviçais. A pequena residência abria-se para as areias, redes dependuravam-se nas velhas árvores que guarneciam o terreno. O patrício sorriu, refletindo que a casinha humilde possuía por quintal areias e águas, cenário magnífico que soberano algum jamais poderia recriar em seus palácios... Imensa lua tecia longa esteira de prata sobre as ondas e elas vinham quebrar mansamente na praia, em alvas espumas...

O jovem observou com curiosidade as pessoas ali presentes, gente simples, respeitosamente aguardando a palavra de Jesus. Ao contrário das multidões comuns ao messianato durante o dia, os que se acercavam do Rabi à noite eram aqueles que Ele ou seus discípulos conheciam, com quem se afinizavam, os que pretendiam algo mais, almas sedentas de conhecimento, muitas perdidas no labirinto das buscas. Na psicosfera, emanações comuns às familiares reuniões, com presença de amigos queridos. Pudessem os humanos terem olhos para ver, visualizariam as entidades celestiais que compartilhavam do esplêndido cenário!

As palavras do Mestre não se fizeram tardar, caindo sobre a sequiosa alma do jovem romano como chuva branda em ressequida terra. Naquela noite, o divino Emissário não curou corpos, mas iluminou espíritos. Culto e inteligente, o rapaz deslumbrou-se com os ensinamentos de Jesus! As curas, conquanto maravilhosas e necessárias, passaram a ocupar diferenciada posição em sua lúcida mente. Jesus, aproveitando a evolução espiritual de seus ouvintes, discorreu sobre a reforma interior, requisito indispensável à solução de problemas de toda e qualquer ordem. Sua voz firme, embora branda, desvendou um novo mundo ao romano, distendendo seus horizontes para além da transitoriedade da vida carnal. E o Rabi fez mais, clareando os imprecisos conceitos judeus a respeito de reencarnação, mergulhando o maravilhado Caio Marcus nas intrigantes noções de existências pretéritas e futuras... Sentiu-se pequenina partícula no imenso Universo...

Ao sair dali, somente uma coisa o preocupava: precisava ouvir mais, ver mais, aprender mais! Em sua mente, como se subliminarmente instalado, um apelo constante, charada misteriosa a exigir resolução: a história do filho pródigo! Por que ela o impressionava tanto? Afinal, sempre fora um filho obediente, jamais se deixara levar pelas vicissitudes, nunca dissipara os bens de família... No entanto, sentia que ela se lhe dirigia particularmente!

A cidade era grande e muitos locais requisitavam a presença do Mestre. Em todos o romano também esteve, recolhendo profundos e modificadores ensinamentos. À noite, jamais faltava às íntimas e aconchegantes reuniões; nessa hora, quando o lamento das dores amainava, dispunham todos de mais tempo para aprender, dirimindo dúvidas e amealhando conceitos de profunda sabedoria e excelso amor. Anônimo entre muitos, calava e escutava, aprendia e se modificava. Às vezes, vinham-lhe lembranças do atordoante festim em que mergulhara, intentando afastar-se de Jesus... Quanta diferença! Os singelos serões do Mestre nada tinham a ver com as suntuosidades romanas, contudo irradiavam algo muito maior e precioso... Festas de luz! Assim costumava designar os encontros à noitinha, sob as estrelas, com Jesus a conduzi-los pelos caminhos do espírito...

Os dias decorriam céleres e, na véspera da partida do Mestre, mais uma vez se dirigiu à casa humilde na beira da praia; alguém acendera uma fogueira e ela lançava imenso clarão contra o escuro da noite. Acima, as estrelas, o infinito... Ali, perto do fogo, o Caminho, a Verdade e a Vida, doce Jesus, de mansas e sábias palavras, compreensivos e ternos olhos, consoladoras mãos...

Foi então que Ele destacou Caio Marcus com os olhos, dentre os muitos que o ouviam, sorrindo-lhe uma vez mais, repetindo:

– "Havia um jovem que, aborrecido do lar que compartilhava com o pai, desejando ardentemente conhecer as ilusórias atrações do mundo, deixou a casa, não sem antes tomar posse dos bens que lhe cabiam, pela magnanimidade e esforço paternos..."

Filho pródigo!

As lágrimas toldaram-lhe a visão. O Mestre achava-se envolto em imensa luz... Seria da fogueira, onde brandas labaredas consumiam os derradeiros lenhos? Imenso torpor invadiu-o e ele não se sentiu mais nos fundos da casinha de pescador e sim num lugar de indescritível beleza. Outros ali se achavam... Reconheceu-os como companheiros de missão... E se lembrou: o compromisso! Havia olvidado a sublime tarefa de auxiliar na divulgação da Boa Nova!

Filho Pródigo! Como tal se identificou, rico de posses, saúde, atributos intelectuais... Com os pés em dois barcos, comodamente em cima do muro, pendendo para o lado que lhe fosse mais conveniente, egoísta... Embora não estivesse inteiramente mergulhado na inconsciência e fatuidade mundanas, a elas se reportava, sentindo falta de suas douradas ilusões; vezes inúmeras, isolava-se em seu mundinho particular, fugindo da realidade...

A presença do Mestre forçara a retirada das vendas que lhe cegavam a visão espiritual, fazendo-o pressentir os desprezados compromissos reencarnatórios!

Ninguém estava sobre a Terra para simplesmente entrar em gozo de todos os bens do Senhor e simplesmente descansar, aproveitar, esbanjar, deixar o tempo passar em inércia ou dedicar-se unicamente ao lado material, ou a si próprio... Ele tomara posse de todos os bens temporários que lhe facilitariam a existência, recebendo-os regiamente e em abundância. Qual filho pródigo, saíra a esbanjá-los pelo mundo, restritos à existência carnal presente, alheio aos que o cercavam, aos que gemiam e imploravam!

Subitamente aliviado e feliz, constatou que os ensinamentos do Mestre haviam obstado a tempo o devastador caminho da omissão e da inércia, chamando-o à razão antes que, semelhante à parábola, tudo fosse dilapidado, perdendo-se no decorrer implacável dos anos. Pior ainda! Poderia continuar riquíssimo, sem adversidade, mas ainda assim dilapidando a oportunidade daquela encarnação, afastado do Pai, preso às quimeras... Sim, os cofres abarrotados graças a seu trabalho responsável, porém, se insistisse em relegar a segundo plano as necessidades do espírito, persistiria o desperdício do acervo destinado ao crescimento próprio, além de deixar de apoiar e incentivar a evolução dos que dele se aproximassem. Duplo prejuízo!

Estava retornando à casa do Pai! Estenderia a outros a palavra de Jesus, faria do amor e da caridade sua senda!

Pela primeira e única vez, Jesus chamou-o, conduzindo-o a discreto canto, onde conversaram. Jamais o romano revelou a alguém as palavras daquele colóquio... Os servos, ingênuos e palradores, costumavam contar que, ao abandonar o local, imensa luz acompanhava o amo e ele chorava...

Imensas transformações assinalaram os dias que se seguiram à partida do Rabi. A fortuna imensa, segura e continuamente guardada e expandida, encontrou destinação profícua e sábia. Nas mãos hábeis e competentes do jovem romano, os tesouros continuavam a aumentar, mas abandonaram o confinamento egoísta, sendo particularmente direcionados à implantação de estruturas sociais que permitiriam aos desamparados o acesso ao imprescindível trabalho, garantindo-lhes honrado sustento. Isso sem falar na orientação espiritual. Aparentemente, nada se modificara na rotina do moço: continuava a trabalhar, exercitava-se diariamente, estudava... Ao contrário do que os detratores profetizavam, não empobreceu com a beneficência, pois quanto mais dava de si, mais os negócios floresciam... Discreto e perseverante, revelava-se abençoado consolador nos refúgios de pobreza e desesperança. A palavra de Jesus reencontrara guarida no coração do romano, propagando-se despretensiosamente.

Breve o Mestre deixaria a Terra e a perseguição acirrada contra seus seguidores determinaria um verdadeiro banho de sangue em nome da repressão à sua doutrina. Então, para se livrarem das cruéis represálias, os cristãos reunir-se-iam secretamente, em locais sigilosos, isolados.

Um dia, ao adentrar um desses lugares, Caio Marcus avistou-a. Alvo manto envolvia-lhe a figura delicada, escondendo os cabelos e mergulhando na sombra o rosto. No entanto, sentiu-a, embora não lhe discernisse os traços. Judia ou romana? Os seguidores do meigo Senhor, apesar de perseguidos e mortos, aumentavam dia a dia, em todas as camadas sociais, em raças das mais diversas. Perecendo na infamante cruz, estigma dos ladrões e fora-da-lei, o Mestre a transformara em rutilante símbolo de redenção e amor. Morrendo, vilipendiado e ferido, provara, uma vez mais, o imenso amor que transcendia a transitoriedade da vida, abstendo-se de amargor e mágoa, ressentimento e revanche. Regressando, como asseverara que o faria, não perdera tempo em questionamentos e queixas, continuando a amar incondicionalmente. Doce Jesus, firme e forte, compadecido das dores e imperfeições dos seres humanos, amando sem nada exigir ou esperar, aguardando com paciência o tempo de cada um... Os que estavam prontos para a colheita do amor aceitavam-no em seus corações; perdendo a vida corpórea no testemunho inevitável e ainda necessário, recebê-la-iam em sua verdadeira e sublime forma. E quantos se achavam prontos! Camuflados, mas corajosos e leais a Cristo! Assim, embora as autoridades usassem de meios severíssimos de repressão, o Cristianismo espalhava-se vitorioso.

A jovem fazia-se acompanhar de serva de meia idade. Certa hora, como se o calor do ambiente fechado e repleto de fiéis a sufocasse, desceu o manto, revelando o rosto de impressionante beleza. Ao subir à improvisada e simples tribuna, a mensagem de Jesus adquiriu renovado ardor nos lábios do moço! Não mais estaria só em sua tarefa... Uma voz interior proclamava, nas profundezas d'alma, que finalmente havia encontrado aquela que lhe suavizaria os caminhos...

Não se enganara! Sua existência enriqueceu-se com a presença da companheira e de filhos. A casa imensa agitou-se e as alegrias da família completaram-lhe os dias, harmoniosamente convivendo com as tarefas do Senhor. As manhãs nunca mais foram silenciosas na luxuosa vivenda! Jesus habitava entre eles e sua presença povoou as histórias com que o pai amoroso fazia os filhos dormirem. Uma delas seduzia particularmente as crianças, e o belo rosto de Caio Marcus transfigurava-se ao contá-la:

– Um jovem, desejoso de conhecer o mundo e usufruir de tudo o que lhe parecia importante, abandonou a casa de seu pai...

– E para onde ele foi, paizinho? Ele não gostava do pai? Eu nunca deixaria o senhor...

– Ele simplesmente ainda não havia compreendido o que era realmente importante em nossa existência... Achava que seria feliz se satisfizesse todas as suas fantasias... No entanto, chega a hora em que somos chamados à realidade...

– E ele foi chamado à realidade, papai? Como é isto?

– Simples! Podemos fazer aquilo que desejarmos, mas certamente responderemos por nossos atos... Tudo tem consequência, meus filhos... Nem sempre acertamos... Na hora da dor, do sofrimento, quando não temos nada ou ninguém por nós, lembramos do Pai, daquele que nos criou...

– E aí, o que aconteceu com ele?

– Ele retornou aos seus deveres... Todos nós temos deveres para com nós mesmos e para com os outros! Não somos perfeitos ainda, mas temos que prosseguir, melhorando sempre...

– Mas, e a fortuna? Todo aquele ouro, as joias... O pai dele não ficou bravo?

– Nem pensar! Todos os bens do mundo destinam-se a promover o progresso da criatura; às vezes, para aprender e evoluir, eles são dilapidados... São somente bens materiais...

Muitos foram os sacrificados nos anos que se seguiram à crucificação do Mestre, inútil resistência à difusão de sua divina mensagem. Mas aquele filho pródigo jamais foi molestado, continuando a semear as palavras de seu Mestre. Suas obras ultrapassaram as barreiras da cidade, estendendo-se a localidades circunvizinhas, através de pessoas atraídas ao convívio e ao trabalho na seara do doce Rabi pelas palavras convincentes e sábias do patrício, por sua ação amorosa, por seus exemplos.

A companheira, romana de ilustre família, aceitara Jesus com a doce veemência de uma alma evoluída e nobre, lutando ao lado do esposo para levar os ensinamentos do Mestre amado a todos que deles se acercavam, em jornada que se distendeu por décadas, findando em avançada idade, com os esposos lúcidos, ainda ensinando Jesus. Seus descendentes costumavam cercá-los, pedindo histórias.

Diziam-lhe:

– Avozinho, conta-nos aquela, de quando conheceste Jesus. Conta-nos, não importa que já o tenhas feito outras vezes. Conta-nos uma vez mais!

As meninas pediam:

– Avozinha, como conheceste o avô? Parece um conto maravilhoso de amor!

– Mas eu já contei isso mais de cem vezes... De novo?! Vão dizer que estou de memória curta, repetindo o que já falei... Uma última vez...

E seu rosto se iluminava, recordando o passado:

– Um dia fomos a uma reunião cristã e, justamente naquele dia, vesti-me com pouco cuidado, acreditando ninguém encontrar, perdida no anonimato dos muitos que se aproximavam para ouvir os ensinamentos de Jesus. Se soubesse, teria pelo menos me arrumado melhor, colocado os brincos de ametista que combinavam com o violeta de meus olhos...

– Os brincos de ametista? Ah, vovó! Poderias dá-los a mim, que tenho os seus olhos...

– Nem pensar! São da vovó... Fica quieta! Deixa a vovó contar...

Rindo, ela prosseguia, os olhos brilhantes de amor:

– Não o vi até que ele se destacou da multidão, sucedendo ao orador inicial. Meu coração parou, minhas mãos gelaram, depois o rosto esquentou e julguei desfalecer. Quando ele falou, disse para mim mesma:

– É ele! Tem que ser ele!

Casamo-nos o mais breve possível. Minha família silenciou qualquer empecilho ao constatar o caráter e o conceito de que gozava na cidade o meu amado, sem falar em suas imensas posses. Tenho sido feliz desde então e Jesus jamais deixou de nos amparar e iluminar. Nesses anos de convívio, enfrentamos os problemas comuns aos que habitam este planeta, todavia o Amor sempre esteve acima de tudo, constituindo a viga mestra de nossas existências.

– E o vovô era bonito?

– Muito! O homem mais bonito que já vi! E seu coração... Ah! Seu coração sempre foi de ouro... Já lhes falei a respeito daquela vez em que alguns pobrezinhos nos bateram à porta, mortos de fome e cansaço, perseguidos pelas autoridades porque se atreviam a seguir o Cristo?

– Contou, mas conta de novo!

Semeadores das sementes de luz do Mestre!

Depoimento

Seria infantilidade julgar que a Providência Divina e nosso Mestre Jesus deixassem de estabelecer, no tocante à difusão da Boa Nova, parâmetros para a efetiva e preciosa colaboração dos espíritos encarnados sobre a Terra, especialmente após a partida do Divino Emissário. Muitos foram os convocados para a decisiva hora, aquela em que o Amor seria revelado à Humanidade agressiva e sofredora, nela ocupando legítimo posto, com a finalidade de orientar a trajetória da alma imortal e perfectível.

Seriam esses espíritos criaturas especiais, à margem de erros, isentos da necessidade de evoluir? Se assim o julgássemos, enganar-nos-íamos! Padecíamos das imperfeições comuns aos que habitavam a Terra, com um pouco mais de entendimento, de vontade de auxiliar, de consciência da necessidade de mudança... Fui um dos muitos chamados para a honrosa tarefa e, para tanto, ainda no Mundo Espiritual, definiram-se situações existenciais que permitiriam o trabalho, facilitando- o. Uma família estável, isenta de dificuldades financeiras, equilibrada e amorosa... Boa saúde, aparência física das melhores, inteligência...

Vindo para a roupagem carnal, coloquei-me na posição de todos os espíritos encarnados sujeito ao natural esquecimento e às tentações do mundo; espiritualmente detentor do acervo de conhecimentos e experiências anteriores; assessorado por entidades amorosas e benevolentes; entregue a meu livre-arbítrio. Embora romano, de religião politeísta, influenciado por preconceitos e herdadas tradições, guardava em mim o germe latente da Verdade, o que não me imunizava contra as fascinações do mundo. Assim, deixei-me levar pelo materialismo da época, acomodando-me, vivendo para as necessidades do ser carnal. Embora valorizasse o espírito, jamais estendi ao próximo as benesses evolutivas conquistadas nas múltiplas existências. Trabalhador?

Bondoso? Honesto? Culto? De acordo com os conceitos da época, certamente! Acomodado? Egoísta? Egocêntrico? Sem dúvida, pois isolado em particular mundinho, desconhecendo a dor que me cercava, em meio a pergaminhos repletos de excelsos conceitos, raramente vivenciados.

Jesus constituiu vigorosa sacudidela, qual salutar tempestade que da atmosfera dispersa asfixiantes miasmas. Tentei manter a estabilidade, fugir, correr... Tarde demais! Perdi o sossego, a indiferença, a ilusória paz... Na ânsia de perseguir os motivos de tamanhos conflitos, as velhas crenças ruíram por terra e o dever olvidado falou alto dentro de mim! Reconheci-me em débito com o Criador, pois não amava suas criaturas como deveria... Ignorava-as... Muito recebera e nada ofertava... Semelhante à parábola, estava a esbanjar os bens herdados de meu Pai... Filho pródigo! Então, empreendi o retorno...

Vossa existência prima pelo sossego, meu irmãozinho, pela inércia? Sobra-vos tempo, com o qual não tendes ou não sabeis o que fazer? Rotineira e calma, mansa como as estagnadas águas de morta lagoa? Ou estais assoberbado com tarefas da Terra tão somente, cuidando de compulsivamente amealhar? Porventura vos empenhais em saborear cada momento, desejando desfrutar todos os prazeres da carne, arruinando a saúde que poderia ser melhor e mais adequadamente empregada?

Estais sendo chamado e não escutais, meu irmão! Olhai em volta! Não vos parece que o sofrimento ainda campeia sobre o planeta? Muitos clamam pelo que detendes em abundância, e não falo meramente de caridade material... Esta, por incrível que pareça, ainda é a mais fácil... Estamos inseridos no mundo sem o direito de nos isolarmos, pois a escola continua necessária para todos, exigindo interação com nosso próximo, comprometimento... No entanto, caminhar pelo mundo não significa deixar-se possuir, pois Jesus palmilhou seus caminhos e não se abalou com suas ilusórias luzes, acima dele pairando, sem, contudo, jamais o desdenhar, amparando e amando sempre.

Quereis, certamente, conhecer meu paradeiro nos dias atuais. Com a bondosa aquiescência do Mestre, integro uma das inúmeras falanges espirituais atuantes no conturbado continente africano, palco de resgates dolorosos e acerbas expiações. Assistimos nossos irmãos em Cristo, insuflando-lhes forças, coragem, amparando-os nas difíceis provas evolutivas. Então, junto aos desvalidos, aos que sofrem e choram, a presença de Jesus e as recordações dos idos tempos fazem-se marcantes, conferindo-me o imprescindível equilíbrio para a dificílima tarefa de acompanhar os infortúnios, as dores físicas, as angústias... Ainda ouço o Mestre dizendo aos muitos impossibilitados de imediato restabelecimento:

– Pedis-me a cura de vossos corpos enfermos, olvidando ou desconhecendo que o envoltório reflete tão somente a realidade do espírito... Primeiramente, é imprescindível o aperfeiçoamento espiritual, a melhoria dos sentimentos e ações... A criatura que realiza tal feito conquista gradualmente o que denominamos fé, possibilitando surpreendentes realizações, inclusive a autocura! Posso orientar-vos, reconfortar-vos, aliviar-vos, mas não posso tomar sobre meus ombros a obra de aperfeiçoamento interior, sem a qual continuareis forcejando pelos caminhos e descaminhos, candidatos a tristezas e desastres, esperando de outros a resolução daquilo que a vós somente compete. Chorais por vossos míseros corpos em ruínas quando deveríeis lamentar a imperfeição do espírito que os anima, trabalhando por mudanças. Como? Prestai atenção em minhas palavras e achareis o caminho mais curto, ainda que áspero e solitário na maioria das vezes. Em verdade vos digo que a maioria de vós assume compromissos, todavia deixa de cumpri-los, privilegiando a inércia, o acomodamento, o desleixo... Preferis as moléstias ao trabalho em prol do próximo; o leito de dor ao aprimoramento espiritual. Relutais em mudar... Assim sendo, a doença constitui o aguilhão ainda essencial às transformações do ser, cujo único substituto é e sempre será o Amor.

Caio Marcus

O jugo leve

"Vinde a mim todos os que estais cansados sob o peso de vosso fardo e vos darei descanso. Tomai sobre vós o meu jugo e aprendei de mim, porque sou manso e humilde de coração, e encontrareis descanso para vossas almas, pois meu jugo é suave e meu fardo é leve." (Mateus, cap. XI, v. 28 a 30).

"Disse o Cristo: "Bem-aventurados os aflitos, pois serão consolados." Mas, como há de alguém sentir-se ditoso por sofrer, se não sabe por que sofre? O Espiritismo mostra a causa dos sofrimentos nas existências anteriores e na destinação da Terra, onde o homem expia o seu passado. Mostra o objetivo dos sofrimentos, apontando-os como crises salutares que produzem a cura e como meio de depuração que garante a felicidade nas existências futuras."

"Assim, o Espiritismo realiza o que Jesus disse do Consolador prometido: conhecimento das coisas, fazendo que o homem saiba de onde vem, para onde vai e por que está na Terra; atrai para os verdadeiros princípios da lei de Deus e consola pela fé e pela esperança." (O Evangelho Segundo o Espiritismo, cap. VI)

Grandes são as aflições do homem sobre a Terra, fazendo-o questionar o porquê de tudo o que lhe ocorre... O Mestre, em transitando sobre o planeta, buscou alertar a criatura sobre a origem de seus males, encontrando, contudo, a imensa barreira da imperfeição espiritual como impedimento maior ao entendimento da perfeição da Lei de Causa e Efeito.

Tão difícil entender que somos os senhores de nosso destino! Obrigatoriamente, plantamos e colhemos o fruto de nosso plantio... Imaturos, ainda acreditamos haver "alguém" a monitorar nossas ações e pensamentos mais íntimos! Mera ilusão. As leis divinas estão dentro de nós mesmos, ainda que delas não detenhamos plena consciência. Assim, ao errarmos, acionamos mecanismos de reequilíbrio, impulsionados pela culpa, sem que percebamos o que está ocorrendo, chegando ao ponto em que as doenças constituem a cura para males maiores, o caminho pelo qual repensamos nossas "verdades", efetuando mudanças imprescindíveis à evolução do ser.

Naquele entardecer do mês de setembro, as suaves brisas haviam sido substituídas por súbitos ventos. Breve o céu escureceria e os primeiros pingos de pesada chuva desceriam sobre a cidade. Lorena olhou com grande desagrado para as plúmbeas nuvens, desabando enfarada sobre o leito de finos lençóis, murmurando:

– Não pode chover, não pode, meu Deus! Vai estragar tudo! Onde já se viu um primeiro encontro em meio a um aguaceiro?! Nem pensar! Vou dar um jeito nisso!

A mocinha pulou da cama em direção à porta, abrindo-a com estardalhaço, gritando a plenos pulmões, vezes diversas:

– Joana, Joana, Joaaaanaaaa!

Minutos depois, uma moça surgia no começo da escadaria, descabelada e nervosa:

– Lorena, por favor... Você sabe que estou lá fora, na lavanderia... Sua mãe não tarda a chegar e as coisas não andam nesta casa! Você me chama sem parar, não me dá sossego! Assim, acabo ficando louca com tanto serviço e a menina a me berrar desse jeito...

Deparando com o frio e reprovativo olhar de Lorena, a empregada abaixou a cabeça, reuniu forças e contemporizou:

– Vamos lá! O que aconteceu agora?

– Nossa! Que má vontade! Até parece que atrapalho tanto! Mamãe com certeza não vai gostar de saber que você não me atende! Hum... Não adianta fazer essa cara de Madalena arrependida! Para não prejudicar você, posso não contar nada dessas suas implicâncias... Só precisa me fazer uma coisinha... Uminha só...

– Vamos lá, sua chantagista...

– Pegue um ovo e coloque no sol!

– Para que essa doidura?!

– Doida é você! Não sabe que, colocando um ovo no sol para Santa Clara, para de chover na hora?

– Mas não tem sol, Lorena! Está chovendo a cântaros lá fora... Começou agorinha mesmo e duvido que vá parar...

– Procure que você acha um solzinho... Ande! Ande!

Para não esticar a conversa, Joana foi à cozinha, retirando do refrigerador um ovo, dispondo-o sobre a mesa sobre um guardanapo, enquanto resmungava:

– É cada uma nesta casa... Vou deixar o tal ovo aqui, na espreita do sol da Lorena... Não sei para que tanta confusão... Mas a Lorena é danadinha! É bem capaz de dizer que a tratei mal... Se a D. Marlene me dispensa, estou perdida! E essa menina é capaz de tudo, de tudo mesmo, só Deus sabe...

Meia hora depois, ressurgiam os derradeiros raios de sol. E a serviçal tratou de colocar o ovo sobre o muro, único lugar onde eles incidiam ainda. Nem bem realizara a estratégica operação, surgia Lorena, envolta em ondas de perfume francês e esvoaçante vestido da moda, exclamando triunfalmente:

– Viu?! Não disse? É tiro e queda! Santa Clara não falha!

Minutos após, Joana escutava a porta da frente fechar com estrondo, mal tendo tempo para correr no encalço da mocinha, que ia longe, em reluzente automóvel.

– Ai, meu Deus, que vou dizer a D. Marlene? Vai ser aquela perguntação toda nos meus ouvidos! Esse povo é gozado... Não dão conta dos próprios filhos e eu é que tenho que dar?! Se não precisasse tanto do emprego para cuidar de minha mãezinha, já tinha largado tudo há muito! Isso é o inferno na Terra, meu Deus do céu!

Enquanto terminava o jantar, Joana refletia sobre sua vida. Desde muito cedo trabalhava em casa de família... Primeiro, aos nove anos de idade, como babá.... Depois, na qualidade de doméstica, para todos os serviços, até cuidar do que não lhe dizia respeito... Com a mãe da impulsiva Lorena, estava há quase dez anos... Não dispunha de tempo para si mesma, sempre na labuta, pois pernoitava no emprego, em um quartinho nos fundos da luxuosa casa.

Suspirando, passou os dedos pelos cabelos, onde precoces fios de branco cabelo começavam a surgir, pensando na juventude que aos poucos ia enterrando naquela rica residência, como uma prisioneira... À noite, no silêncio do quartinho de dormir, costumava sentar na cama de solteiro com um espelhinho na mão, analisando os sedosos fios da farta cabeleira negra, tratando de arrancar cuidadosamente os brancos, enquanto murmurava, zombando de si mesma:

– Este é por conta dos xiliques da patroa... Este tem a cara da menina Lorena... Ai, meu Deus! Ainda bem que o marido da D. Marlene sumiu no mundo, deixando essas duas sozinhas.... Senão, as coisas estariam piores e eu com a cabeça branca, de tanto nervoso... Deus, dai-me coragem! Eu gostaria tanto de ter uma casa minha, pequenina e pobre que fosse, alugada mesmo... Esposo, filhos... Ou uma mansão, daquelas com piscina e motorista... Ah! Sonhar não custa nada! Se é para sonhar, é bom sonhar alto! Por que não?! Também sou filha de Deus!

A moça não se enganara a respeito do que ocorreria. Escutou poucas e boas da patroa, inconformada com a saída da mimada Lorena. Conhecendo-lhe o gênio, tratou de manter baixa a cabeça, silenciando. Uma vontade enorme de sair dali e voltar para sua casa no interior de Minas... Mas quem pagaria os remédios da mãe doente?! A aposentadoria do pai mal dava para a comida! Assim, procurou não deixar transparecer o descontentamento, escutando a novidade que se seguiu à onda de reprimendas com impassível fisionomia:

–Ah! Receberemos visita, Joana! Meu primo Antenor, uma beleza de pessoa... Arrume o quarto de hóspedes, providencie algumas sobremesas, faça umas bolachinhas, um bolo... Deve ser suficiente... Não, faça um pudim também! Aquele com calda de ameixas pretas... E capriche, pois o primo Antenor é de rica família, acostumado com coisas boas! Não quero que saia daqui dizendo mal de minha casa...

Distante de D. Marlene, resmungava:

– Uma beleza de pessoa... Eu é que sei! Um entojado, vai ver! Deve ser algum cinquentão, careca e cheirando a cigarro... Mais um para aguentar! Ai, meu Deus! Devo ter jogado pedra na cruz!

O dia seguinte passou rápido nas lides da cozinha, entre panelas e assadeiras. Por volta das cinco, D. Marlene recomendou categoricamente que se aprontasse, envergando o uniforme de festa, de engomada gola de fina renda branca e avental de laçarote... A moça conferiu-se no desgastado espelho do velho guarda-roupa, aprovando satisfeita o reflexo de sua esguia imagem de vinte e poucos anos, morena clara, grandes olhos escuros, anelada cabeleira negra, alvos e perfeitos dentes... Considerava-se bela, mas os homens pareciam ignorá-la... Pudera! Não saía nunca, sempre presa aos trabalhos domésticos! Entre os poucos pertences, localizou singelos brincos de pérolas, presente de antiga patroa, colocando-os nas delicadas orelhas, encantada com o efeito dos mesmos em contraste com a roupa negra, combinando com o branco da gola, do avental... Depois, inusitada vaidade, passou sobre os lábios um pouquinho de batom rosa, realçando o tom jambo da pele sem jaça.

– Estou parecendo empregada de novela! Desta vez, caprichei mesmo... Desperdício, meu Deus! Quem vai me ver neste mausoléu onde só vêm mulher e velho?! Vai mal, muito mal...

Novamente na cozinha, percebeu a chegada da visita pelas entusiásticas exclamações na sala, tratando de ajeitar a grande bandeja de prata forrada com toalhinha de linho bordado, nela depondo o caro aparelho de nívea porcelana, orlado com filete dourado e delicadíssimas flores azuladas... Acrescentou os pãezinhos, as bolachinhas, os pratinhos com bolo... Conferiu tudo com cuidado, exclamando em tom sigiloso e irônico para si mesma:

– Vamos lá, minha filha! Vamos servir o velhote...

Adentrando a sala, dirigiu-se à mesinha de centro, começando a servir o café pela visita, como dantes fora orientada. Ao erguer os olhos, deparou com um rapaz de sua idade, alto, forte, de incríveis olhos acinzentados e bela figura, fitando-a apreciativamente da cabeça aos pés. A delicada xícara de porcelana oscilou sobre o pires, derramando seu fumegante conteúdo no valioso tapete persa, entre gritinhos nervosos de Marlene e suas envergonhadas desculpas. O moço, tirando de sua mão a xícara em iminente perigo de estilhaçar-se no brilhante piso, educado remediava:

– Isso acontece, minha prima... Nada que um pano úmido não possa resolver...

Enquanto falava, seus olhos estavam sobre Joana, como se dissesse:

– Não se importe com isso, minha linda!

Os dias seguintes revestiram-se de especial encanto para Joana. Se fosse mais cautelosa, perceberia estar à beira de cega paixão pelo belo Antenor, o que consistia em grande perigo devido às convenções sociais, ao preconceito... Por seu lado, o moço não perdia a oportunidade de estar por perto, dirigindo-se amiúde à cozinha para um cafezinho, um pedaço de bolo, uma prosa, principalmente quando a dona da casa estava ausente, em seu trabalho no centro da cidade, cuidando da sofisticada loja de confecções da família.

Pouco a pouco Joana foi se deixando enlear, rendendo-se aos beijos do jovem, às murmuradas palavras de amor, aos elogios e promessas... Carente de afeto e compreensão, inconformada com a dura realidade existencial, optou em tudo acreditar, entregando-se de corpo e alma ao sedutor!

A visita prolongava-se, para espanto de Marlene e Lorena, que não entendiam qual a graça que poderia haver em ficar sempre em casa, lendo ou entregue aos encantos do jardim... Convidado para acompanhá-las a eventos sociais, Antenor quase sempre declinava, dizendo-se exausto, afirmando preferir descansar no aconchego do lar a conviver com outras pessoas, ainda que por horas. Conquanto intrigadas com tamanha necessidade de solidão e descanso, mãe e filha acabaram por deixá-lo à vontade, retomando a rotina de praticamente viverem ausentes da casa, somente retornando para as refeições e na hora de dormir, principalmente após constatarem que o hóspede parecia estar muito bem, risonho e com excelente disposição.

Dois meses depois, Joana sentiu-se enjoada, o simples cheiro dos alimentos causava-lhe repugnância, um sono imenso... Tomou uma imensidade de remédios para o fígado, mas os sintomas somente pioravam com o decorrer dos dias. Uma visita ao Posto de Saúde revelou: engravidara!

Conhecedor da novidade, Antenor concordou de imediato em assumir suas responsabilidades, para imenso alívio e alegria de Joana, pedindo-lhe tão somente um prazo destinado a preparar a família, recomendando sigilo, pois pretendia tudo resolver de maneira discreta, sem maiores alardes. Dias depois, sugeriu à moça que visitasse a mãe no interior de Minas, fornecendo-lhe, inclusive, dinheiro para as despesas, acrescentando:

– Logo tudo estará resolvido! Eu farei o mesmo... Isso! Viajarei para casa, contando tudo a meus pais... Pode ficar tranquila, meu amor. Quando você voltar, já estarei aqui, esperando... Aí, nós dois contaremos a novidade aos demais... Aposto que minha prima vai querer ser madrinha de nosso casamento... E Lorena pode ser dama de honra!

Joana seguiu para a casa da mãe, o coração em festa, ansiosa em revelar que estava esperando um filho de Antenor, um moço muito bom, de imensas qualidades, que a amava muito, independente de sua humilde origem, e a faria imensamente feliz. Bem no fundinho, sentia-se vingada, pois a patroa teria que conviver com o fato de tê-la por rica parente, pois seu futuro marido seria herdeiro de imensa fortuna, como a petulante Lorena costumava reforçar sempre, ao ordenar que a "empregadinha" fizesse coisas e mais coisas na cozinha:

– Joana, trate de se explicar, pois o primo não está acostumado a arroz, feijão, salada de alface e bife! Você não sabe que ele, logo, logo, vai ficar milionário? O tio está dobrando o Cabo da Boa Esperança, já teve uns dois "piripacos"... E ele é filho único, a mãe já faleceu no ano passado... Já pensou? Jovem, bonito e rico! Se não fosse primo de mamãe em primeiro grau, eu mesma me candidataria a tão belo partido!

Pelo caminho, Joana deixava-se embalar por sonhos de poder, onde se via muito bem vestida, com joias nas orelhas, nos pulsos, nos dedos... Ou em esplendoroso vestido de baile, com uma tiara de brilhantes nos cabelos...

No entanto, mal descera do trem, uma surpresa desagradável a esperava, na pessoa de uma das vizinhas: a mãe sofrera um derrame, jazendo imóvel sobre o leito, necessitando de permanente assistência. A comadre dizia-lhe:

– Joana, minha filha, foi de repente... Ela estava bem, só se queixava de muita dor de cabeça.... Mas você sabe, filha... Sua mãe tem tantos problemas... Nós encontramos a coitada hoje de manhã, caída na cozinha... Pobrezinha da comadre! Ela estava esperando você... Só falava nisso! Achei melhor vir até a estação! Vamos, vamos para casa, minha filha...

Ao contemplar a mãe imóvel sobre a cama, Joana percebeu que aquele não era o momento de revelar sua gravidez a ninguém, pois as pessoas poderiam não entender, julgar mal... Olhando o pai velhinho, com as ideias atrapalhadas, a moça compreendeu que pouco poderia esperar dele... Os outros irmãos, todos mais velhos, moravam longe, em distantes cidades, despreocupados com o bem-estar dos genitores, sobrando somente ela, a mais nova, a rapinha do tacho, para a tarefa de ampará-los. Não se irritou, aceitando o pesado encargo com resignação. Durante toda a semana, acertou as coisas, cuidou da casa, procurou quem pudesse servir de enfermeira, sabendo que lhe cabia volver ao emprego, sem o qual estaria sem dinheiro algum. D. Marlene podia ser geniosa, impaciente, mas pagava certinho e bem... Depois, Antenor era rico... Após o casamento, certamente não desejaria que sua esposa continuasse trabalhando como empregada, e poderia auxiliar sua família... Dinheiro não lhe faltava...

Quinze dias depois, ao retornar, a moça não mais encontrou Antenor. Havia partido logo após sua viagem e nada indicava haver mencionado a gravidez aos moradores da casa... Compreendeu que a havia abandonado!

Os meses transcorriam céleres e Joana aflita observava o distender do ventre, até que, em desespero, procurou D.Marlene, tudo contando. A pobre moça esperava apoio, mas viu-se diante de muita indignação e sumária dispensa. Ainda tentou justificar-se, explicar, dizer que poderia continuar trabalhando, que nada a impediria de cumprir seus deveres. A patroa foi inflexível, ela mesma colocando os poucos pertences da moça em uma mala, imediatamente depositada na porta de entrada, com um envelope contendo o salário do mês. Mais nada!

Solitária, com pouco dinheiro na bolsa, em vão procurou outro emprego, somente encontrando recusas diante de seu estado de avançada gravidez. Em pouco tempo, restou-lhe a opção de buscar um albergue onde pudesse pernoitar e receber um prato de sopa, pois estava faminta, cansada e sem uma única moeda.

Fazia frio. A garoa descia sobre a cidade quando Joana adentrou o casarão antigo e despretensioso, fugindo do vento gelado e da umidade. Acostumada ao luxo da casa da antiga patroa, a moça considerou com desalento o ambiente humilde, as paredes que há muito não viam tinta, descascadas aqui e acolá... Mas tudo estava muito limpo e um cheiro delicioso vinha dos fundos... Seu estômago doía de fome! Uma jovem de pouco mais de catorze anos anotou seu nome em enorme livro, indagando gentilmente de onde viera, provavelmente estranhando os modos educados, a beleza da moça, suas vestes de qualidade, pois as herdara de D. Marlene... Diferia dos costumeiros albergados, na sua maioria homens muito simples, andarilhos, ou de passagem em busca de colocação...

Diante de seu olhar claro e humano, Joana não conteve o pranto, despejando a triste e comum história nos ouvidos da mocinha, que a escutou simplesmente, permitindo-lhe colocar para fora a dor que ia em sua ferida alma, enlaçando-a pelos ombros, confortando-a com breves palavras. Depois, acomodou-a em uma das cadeiras, dizendo logo voltar. Ao fazê-lo, vinha na companhia de uma senhora idosa, apoiada em uma bengala, de olhos calmos e belos, que a levou até uma das mesinhas, onde uma terrina de grosso e fumegante caldo e torradas a esperavam, apresentando-se como D.Clarinda.

Joana ficou no albergue por alguns dias, ao final dos quais encaminharam-na a uma Casa para Gestantes, onde poderia permanecer. Compreendeu tratar-se de uma instituição religiosa beneficente, onde voluntárias desempenhavam tarefas de auxílio a moças que, como ela, não dispunham de apoio durante indesejada gravidez. Laboriosa, mal chegara tratou de auxiliar nos serviços da casa, assistindo as gestantes mais problemáticas, costurando roupinhas de bebê, esforçando-se para ser útil.

Semanalmente, realizava-se na instituição aquilo que chamavam de Evangelho no lar, quando alguém lia um trecho do Evangelho do Mestre e discorria sobre ele. Depois, quem desejasse poderia falar algo, tecer algum comentário, mas Joana permanecia calada, pois estava muito distante de tudo aquilo. Católica de nascimento, há muito abandonara suas crenças, principalmente por haver deixado o lar muito cedo, passando a viver em lugares onde as práticas religiosas eram relegadas a último plano. Cansara de presenciar Lorena arrumando-se para a missa de domingo, como se fosse a uma festa, onde desfilaria as roupas, flertaria... Ela mesma, nas raras ocasiões em que frequentara a igreja, portara-se de idêntica forma, ansiosa pela hora em que o padre calaria e as moças poderiam circular pela praça, de olho nos rapazes. Agora, contudo, com os sonhos de felicidade esfacelados pela deserção de Antenor, as palavras caíam como consolador bálsamo em suas dores. Além do mais, aquelas pessoas entendiam Jesus de uma maneira diferente, como se Ele fosse um irmão muito amado, e não alguém distante.

Estava muito envergonhada com o que considerava "seu erro", sentindo-se uma tola, embora na Casa inexistissem comentários desagradáveis ou qualquer tipo de cobrança. No início, assustou-se ao descobrir que a instituição era administrada por espíritas. Para ela, Espiritismo estava associado a macumba, sacrifício de animais, bebida, velas... Ali, no entanto, falava-sc somente no bem, Jesus estava presente em tudo... Assim, silenciou seus receios, embora guardasse distância, temerosa de ser enganada por falsas aparências!

Pensara em retornar ao interior, para a casa da mãe. Depois, concluíra que isso somente acarretaria sofrimento maior à velhinha, agora consciente na cama, sem falar que não teria emprego e seria uma boca a mais. Na cidadezinha, os preconceitos ainda eram muitos em relação a uma mãe solteira... Melhor virar-se por ali mesmo, procurar um serviço, mandar dinheiro para a mãe, esperar o nascimento da criança. Entre as gestantes, falava-se muito em adoção...Quem sabe... Teria coragem de separar-se do filho? Passava as mãos de leve sobre o ventre, sentindo o pequenino movimentar-se, chutando-a vigorosamente. Conversava baixinho com ele, cantava-lhe as canções de ninar de sua terra...

Certa vez, uma das moças lhe disse:

–Joana, você é tão bonita! Parece moça de posses... Tem estampa de modelo... Por que não fez um aborto, menina?! O seu namorado era rico, teria pago na horinha... Certamente faria isso, se você tivesse sido mais esperta! Poderia sair com um bom dinheiro, acertar sua vidinha...

E, olhando para o avolumado ventre, prosseguiu:

– Não era o meu caso... O tal era pobre, ficou me enrolando com promessas de casamento, até que passou dos três meses e a parteira não quis mais tirar... Disse que era perigoso... Ele foi embora, sumiu para os lados de Goiás, e aqui estou eu! O sem-vergonha era casado!

Joana simplesmente ficou parada, perguntando a si mesma a razão pela qual não tomara providências a respeito daquela criança... Não encontrou resposta racional, mas algo dentro de seu coração afastava com veemência a ideia de aborto, um medo horrível de morrer e de matar...

No alvorecer de ensolarado dia de primavera, nascia-lhe o filho. Era um belo menino, de acinzentados olhos e negros cabelos... Deu-lhe o nome de Júlio César, pois sempre fora doida por filmes de imperadores romanos... Durante os iniciais meses de amamentação, a moça questionava se conseguiria dá-lo em adoção, pois, se no começo pouco representava, com o passar dos dias descobriu amá-lo como jamais amara alguém em sua vida; no entanto, receava não ter condições de sustentá-lo a contento, tinha medo de não dar conta do recado, pensava se não seria melhor deixar que alguém de posses dele cuidasse... Ele teria dinheiro, não passaria necessidade, seria feliz...

Como que por encanto, uma luz brilhou em meio a sua aflição. Uma das serviçais da Casa para Gestantes deixou o trabalho por motivos de inesperada mudança, rumo a outra cidade, e ela foi convidada a assumir-lhe o posto, com direito a módico salário, mas com moradia nos fundos da instituição, na qualidade de caseira, e alimentação no refeitório comunitário. Além de tudo, permitiam que mantivesse consigo o filho, criando-o ali. Ao adentrar a casinha de sua antecessora, mal acreditava na bênção recebida! Com alimentação, moradia, água, luz e algum dinheiro disponível, poderia tratar da mãe distante e do pequenino!

Tudo transcorria rotineiramente na existência de Joana. Compreendera que Antenor não passara de uma ilusão juvenil... Belo e inconsequente, o moço sequer pensara no filho por nascer! E muito menos nela, que acreditara em suas falsas juras de amor... Ainda sentia muita raiva dele, mágoa, mas tinha consciência de que nada poderia fazer, conquanto dias houvesse em que todo o seu corpo tremia de ira e, se o visse pela frente, provavelmente o esganaria... Depois, conformava-se, afirmando desejar seguir adiante, trabalhar muito, criar o filho, estudá-lo... Talvez um dia ele pudesse tornar-se um doutor, como o Dr. José Carlos, o jovem médico que atendia as gestantes da Casa, um voluntário, uma santa criatura...

Certa manhã, Joana sentiu-se indisposta, o corpo pesava, a cabeça doía muito. Como de costume, realizou as tarefas com capricho: limpou a casa, lavou a roupa, que não era pouca, fez o almoço, dispondo-o sobre a grande mesa. Naquele dia, o Dr. José Carlos realizara sua visita um pouco mais tarde, devido a impedimentos no hospital, e se convidara para almoçar. De longe, Joana observava- o . Era tão bonito... Para falar a verdade, não era somente bonito, mas alegre, simpático, gentil, sensível, perfumado... Estava apaixonada!

Parece que, em seu caso, um dos indicativos de paixão consistia em derrubar as coisas... A terrina oscilou em suas trêmulas mãos, a concha caiu com estrépito no piso de ladrilhos e, não fosse a providencial intervenção do médico, o delicioso ensopado teria se perdido... Os olhos de ambos se encontraram e ele murmurou:

– Não foi nada, Joana. Nada que um pano úmido não resolva...

Tudo escureceu e a moça sentiu o chão faltar. Escutou ainda vozes apreensivas, percebeu o calor de um colo... Depois, tudo se apagou...

Durante três dias ela permaneceu entre a vida e a morte no hospital, inconsciente...

Muito querida, visitavam-na, sempre havia alguém a seu lado; embora mergulhada em coma, liam-lhe mensagens, trechos do Evangelho...

Presença constante, o Dr. José Carlos finalmente a percebia especial... Durante muitos meses, desempenhara suas funções voluntárias na Casa para Gestantes sem notar particularmente a moça morena e bonita, reservada e gentil... Justo naquele dia, em que encontrara seus grandes olhos negros, sentindo-lhe a beleza discreta, a delicadeza de gestos, ela desmaiara! Pobre moça... Um distúrbio de circulação encefálica costumava ter imprevisíveis consequências... Talvez retornasse, mas ninguém poderia prever em que condições...

O moço doutor acertara em seus temores... Finalmente consciente, parte do corpo de Joana recusava-se a obedecer ao comando de seu cérebro. A jovem entrou em desespero, pois dela dependiam o filho e a mãe enferma. Ainda que recebesse ajuda, quem criaria seu menino? Do pai da criança, nada sabia e nem se interessava em saber, pois certamente não lhe teria nenhum amor! Sentia-se lesada, uma parte dentro dela havia se quebrado, seus sonhos de independência lançados irremediavelmente por terra. Sobre o leito, deixou de ter esperança, de lutar, considerando-se inútil, incompetente... Em vão tentaram animá-la...

Saindo do hospital em uma cadeira de rodas, volveu à Casa para Gestantes mais parecendo uma morta... A Joana batalhadora de antes parecia ter deixado de existir, permanecendo trancada em seu quarto, alheia a tudo, esquecida até do filho, revoltada...

A presença do Dr. José Carlos, ao invés de fazer-lhe bem, reforçava a tristeza e a revolta, por sentir que perdera a chance de ser feliz ao lado de um novo e verdadeiro amor... Repetia para si mesma:

– Quem vai querer uma aleijada, quem?! Por que, meu Deus, por que os outros podem ser felizes e eu não? As coisas iam consertando... De repente, isso, uma doença que os médicos não sabem dizer se melhoro ou não... Estão me enganando! Nunca mais vou sair da cadeira de rodas...

Nos momentos de maior desesperança, pedia que não lhe falassem em Deus e muito menos em Jesus, afirmando haver sido abandonada à sua triste sorte... Aos poucos foi definhando, até que lhe restou somente o leito e o cuidado das pessoas, pois se recusava a viver.

Naquela quente noite do mês de novembro, havia o costumeiro trabalho mediúnico na Casa Espírita responsável pela instituição beneficente para gestantes, onde Joana se encontrava em triste estado depressivo. Conquanto houvessem colocado, durante meses, o nome da moça sobre a mesa, nenhum mentor da Casa havia se manifestado sobre o assunto, ou sequer aparecido alguma entidade relacionada ao problema... Como de hábito, os médiuns aguardavam, respeitando o silêncio do Mundo Espiritual, confiando que os espíritos responsáveis pela condução das atividades sabiam o que estavam fazendo.

Aberta a sessão, após algumas comunicações, os presentes sentiram-se envoltos em agradabilíssima onda de sutis fluidos e, através do fenômeno psicofônico, uma das entidades responsáveis pelo trabalho assim lhes disse:

– Meus irmãos, que a paz do Mestre Jesus esteja com todos. Aqui estamos para esclarecer alguns aspectos referentes ao problema de nossa irmãzinha Joana. Como sabeis, a doença que a relegou à cadeira de rodas ocasionou um dano muito grande, não tanto no envoltório físico, facilmente recuperável com sessões de fisioterapia e bom ânimo, mas de grande e triste monta nos aspectos emocional e espiritual. Joana sente-se injustiçada! Tem piedade de si mesma!

Mentalmente, todos os médiuns concordaram com a inicial colocação. Mas, que fazer? Será que os mentores não poderiam dar um "jeitinho"?

O Espírito continuava:

– Nossa irmã Joana tem enfrentado sérias provas existenciais... Problemas financeiros, responsabilidade por uma mãe doente, o pai esclerosado, carência afetiva, distância do lar desde muito nova, sempre morando nos empregos... Por último, o abandono do namorado e uma imprevista e indesejada gravidez... Decepções, frustrações...

A pessoa responsável pelo diálogo na mesa mediúnica, aproveitando ligeiro silêncio do comunicante, colocou:

– Pois é, caro irmão, é bem assim mesmo! Ela se preocupa com a situação financeira da família, com o filho... Por enquanto, estamos providenciando tudo, mas ela compreende a gravidade de seu estado... E se desespera!

– Nós sabemos... No entanto, deveis concordar que a encarnação terrestre existe em decorrência da necessidade do espírito perfectível vivenciar experiências no envoltório físico, com o imprescindível esquecimento de vidas transatas. A Joana de agora está resgatando situações mal resolvidas do passado... Impossível postergar tais acertos, o que não constitui, de forma alguma, castigo, como muitos pensam, mas simplesmente mecanismo de evolução dos sentimentos, de cura, se assim o desejais. Analisemos, deixando de lado detalhes das ações cometidas: não por acaso a moça chegou a uma casa espírita, onde recebeu apoio, sem o qual certamente teriam ocorrido coisas mais sérias. Então, teve a oportunidade de entrar em contacto com a sublime doutrina do Mestre, através do Consolador prometido, mas permaneceu distante, considerando que somente a resolução dos problemas materiais bastaria. Continuou em desequilíbrio, portanto, sobrecarregando o corpo físico com deletérias energias, decorrentes da raiva, da insatisfação profunda, da obstinada revolta. Bem no fundo, inconsciente mas não menos importante, encontraremos a culpa proveniente de desacertos do pretérito, solicitando reparação... Adoeceu! A doença constitui mecanismo de cura, pois promove o reequilíbrio, ainda que a nível de simples expurgo de energias inadequadas. Quando, contudo, a criatura reflete, abandona a rebeldia e aceita o amparo da Espiritualidade, deixando-se dominar pelo doce jugo de Jesus, o sofrimento vai abandonando-a e, em grande número de casos, a doença deixa de ter razão de existir.

Atualmente, Joana continua priorizando tão somente a saúde física, olvidando o imortal espírito, entregando-se a lamentações improfícuas. Os médicos da Terra fizeram tudo ao seu alcance, restando a ela a mudança, a aceitação do jugo leve e amorável do Mestre, que a consolará, fazendo com que se resigne às momentâneas circunstâncias de dificuldade, abrindo os olhos a novas perspectivas, que lhe permitirão o sustento, sua imediata e maior preocupação.

– Mas ela se recusa a escutar até uma leitura do Evangelho... Diz que Jesus a abandonou...

O Espírito riu, comentando:

– É o que ela pensa... A maioria das pessoas assim acredita quando lhes acontece algo que classificam como "ruim". Até mesmo entre os espíritas, a palavra "resgate" costuma ser mal interpretada, confundida com sofrimento. Ora, resgatar significa "retomar", isto é, trazer até nós experiências mal conduzidas no pretérito, repetindo-as. A carga de sofrimento estará sempre inversamente proporcional à nossa evolução, ao aprimoramento de nossos sentimentos... Como crianças que repetem o ano escolar, também vamos repetindo, encarnação após encarnação, as lições mal aprendidas. Nosso orgulho constitui a maior razão dos padecimentos, pois recalcitramos, somos rebeldes, lutamos contra a perfeita e sábia corrente da vida. Perdemos tempo em reclamar, em sentir autopiedade...

Após ligeira interrupção, concluiu:

– Do ponto de vista da Espiritualidade Maior, nossa irmã está teimando em não aceitar aquilo que seu coração já lhe indicou como o caminho, a verdade e a vida... Mais uma vez ela está fugindo do Mestre... E mais uma vez o Mestre a está chamando! Assim, hoje, após a sessão, ela será trazida a nossa colônia espiritual e submetida a uma regressão... Esperemos que, ao acordar, as coisas mudem. Pedimos aos irmãos componentes da mesa o concurso de preces e muita esperança. Confiemos em Jesus!

Joana olhou para o relógio de cabeceira. Onze horas da noite! Ao lado, no berço, o filho dormia tranquilamente. Tinha tanto medo de perdê-lo! Sabendo-a daquele jeito, Antenor poderia tomá-lo! E se morresse?

As lágrimas desciam, os soluços sufocavam-na... Que fizera para sofrer tanto?! Não acreditava naquela história de reencarnação... Se fosse assim, ela lembraria... Jamais fizera mal a alguém, tinha dó até de matar barata...

Aos poucos foi acalmando, um sono imenso a envolvê-la...

Aquele lugar era muito bonito... Casas brancas, jardins, lagos, flores... Três pessoas vinham ao seu encontro: um homem de uns quarenta anos, bonito e simpático, desconhecido; uma moça delicada, envolta em vestes azuis; por último, uma senhora, na qual reconheceu a anciã que a recebera no albergue...

– Joana, seja bem-vinda!

A moça olhou para as pernas sem movimento, constatando que se achava sentada em singular cadeira, muito leve e brilhante, de material inteiramente diverso do que constituía a sua, pesado e feio. Pensou que desejaria ir ao encontro deles e, imediatamente, o veículo obedeceu a seu mental comando... Intrigada, procurou por botões... Nada! Como será que aquilo parava? Mal pensara, a cadeira estacou suavemente... Incrível!

Conduziram-na a um edifício de linhas muito belas, com colunas de níveo mármore na entrada e enormes vasos de flores em tons de lilás e azul, de perfume muito delicado. Conquanto fosse noite, a julgar pelas rutilantes estrelas e prateada lua, tudo era muito nítido, como se mergulhado em oceano de suave luz... No interior, encantou-se com os ambientes claros, envidraçados, constatando que se abriam para um pátio central de inexcedível beleza, com exóticas plantas e cristalinas águas.

Seguindo seus anfitriões, viu-se em uma das salas, onde alva tela recobria toda a extensão de uma das paredes. Seria um cinema? Adorava filmes, mas raramente podia se dar tal luxo... D. Clarinda, a senhora voluntária no Albergue Noturno, postou-se atrás de sua cadeira, impondo-lhe as mãos sobre a cabeça, e Joana instintivamente fechou os olhos, mergulhando na prece por ela murmurada, vencida pelo doce magnetismo de sua voz:

– Joana, minha filha, relaxe... Você está entre amigos, que a amam e desejam seu bem... Deixe seu corpo leve, muito leve... Seus braços e ombros estão relaxados... Sua cabeça flutua, flutua, livre de quaisquer pensamentos... Agora, você está voltando, voltando, mergulhando no passado... Ele aparece diante de seus olhos.. Preste atenção na tela, Joana, preste atenção, minha filha...

..*

As pessoas passavam, todas se dirigindo a algum ponto da cidade. Flávia fitou-as com desagrado, pois eram pobres, miseráveis. Ali, um aleijado se arrastava sobre muletas; acolá, um cego deixava-se conduzir por uma mulher muito magra, macilenta... Crianças, aos bandos... Com um trejeito de enfado, abandonou a sacada, adentrando o luxuoso recinto, tomando nas delicadas e níveas mãos um sininho de ouro. Ao primeiro metálico toque, uma serva de grande beleza acudiu, apreensivamente murmurando:

– Senhora...

– Nunca vi gente mais feia! Dize-me, sabes para onde vai todo esse povo?

– Falam que se dirigem à praia, ao encontro do Rabi...

– Rabi? Que Rabi?! Tu o conheces?

– Quem sou eu, senhora! Ouvi falar pelos outros servos, pelos escravos... Dizem que é o prometido pelas escrituras desse povo da terra... Que faz milagres!

– Coisa de pessoas ignorantes, com certeza... Vai, trata de fechar bem a porta do pátio, ou logo teremos algum pedinte maltrapilho aqui dentro! Corre, inútil, avia-te!

Esquecendo a escrava, volveu a atenção para a mesa repleta de iguarias, acondicionadas em finíssimos pratos, cobertas com alvos panos bordados. Mordeu um dos bolos, suspirando satisfeita: mel e nozes... Serviu-se do vinho, apreciando a beleza da ânfora de ouro puro e pedras preciosas, provavelmente produto de um dos saques dos oficiais do exército romano em distantes terras, pois por ali não se viam obras-primas como aquela.

Flávia olhou a tarde que lentamente se esvaía no calor da ensolarada rua. Precisava cuidar-se, pois as horas transcorriam céleres... A festa daquela noite prometia!

A serva retornava. Com incisivo gesto, Flávia apontou na direção da sala de banhos. Em minutos, tudo estava pronto: a tépida água, as pétalas de flores, os sais aromáticos, os perfumes... Depois, a maquiagem, os cabelos, as vestes de vermelha seda, os dourados adornos... Mirando-se em espelhada superfície, sorriu satisfeita, enamorada da imagem sedutora e linda, atentando para a pele muito clara, os grandes e verdes olhos, orlados de compridos cílios escuros, a boca de lábios cheios e bem delineados, os cabelos acobreados, muito lisos e brilhantes, ornados de pedras transparentes engastadas em elos de ouro e delicados arranjos de flores...

A vida era tão boa! Magnífica! Com aborrecido meneio, tentou afugentar a recordação dos dias de dificuldade, de pobreza. Até fome passara... Pareciam distantes, perdidos na infância desolada, triste.

Nascera em um dos tugúrios de Roma, de mãe prostituta e pai ignorado. Bem cedo conhecera as agruras da vida, ingressando em idêntica carreira aos onze anos de idade, permanecendo no prostíbulo até os quinze, quando sua sorte tomara diverso rumo, na pessoa de velho senador. Fechando os olhos, relembrava perfeitamente os detalhes daquele dia...

Logo cedo, apesar de haverem trabalhado grande parte da noite, acordavam as mulheres, tangidas pelos berros da proprietária, irascível e feia criatura, que não admitia muito descanso, colocando-as na faxina, na lavação das roupas dos quartos. Mal desperta, exausta, a mocinha praguejava baixinho, varrendo furiosamente a frente da casa, derramando água sobre as pedras irregulares que revestiam o chão, descontando na rústica vassoura a raiva. Tão irada estava que não atentou para o fato de os sujos respingos atingirem luxuosa liteira conduzida por robustos escravos, coisa incomum por aquelas miseráveis bandas, onde somente costumavam passar carroças e pedestres nada elegantes.

Os gritos indignados dos condutores irritaram-na ainda mais:

– Vadia, não olhas onde jogas essa tua água imunda?! Mereces uns tapas!

– E quem vai me bater? Vós, uns míseros escravos, piores que eu, que pelo menos sou livre?!

Diante da afiada resposta, os homens protestaram e ela, compreendendo que não se atreveriam a depor a cadeira, passou a espicaçá-los, deles zombando, até que uma cabeça de grisalhos cabelos surgiu dentre as cortinas, fitando-a com divertido olhar, claramente encantado com a jovem e esguia visão, os longos cabelos avermelhados deslizando pelas costas, tocando a cintura, os pés delicados em dança, as faces rosadas...

Aquele fora o início de um relacionamento que perdurava até os dias atuais. Pompilius Caio integrara o senado romano por muito tempo e advinha de nobre e rica família. Conhecido por sua vida dissoluta, em um primeiro instante levou Flávia para sua luxuosa vivenda acreditando que não passaria de mais uma passageira aventura. Todavia, apaixonara-se perdidamente pela encantadora menina. Assim, aos poucos fora abandonando os promíscuos hábitos, tornando-a única companheira. Viúvo há anos, sem filhos, uma vez que todos haviam morrido em batalha, não encontrou empecilhos e a casa compartilhada por ambos em Roma costumava receber influentes amigos do velho senador e pessoas de destaque. Por seu lado, Flávia temia perdê-lo, principalmente pelas comodidades desfrutadas, o que não impedia o balançar de seu coração por uns e outros mais jovens, conquanto até então não houvesse ultrapassado os limites impostos pelo ciumento companheiro.

Há seis meses o Império designara Pompílius para importante cargo em terras conquistadas da Palestina, para onde ele a levara, vencendo sua insatisfação com promessas de que desfrutaria de todos os confortos e regalias, até mais do que em Roma, pois ali poderia brilhar sem o preconceituoso confronto com as patrícias romanas.

Naquela noite, sob os céus de Jerusalém, o coração da bela Flávia batia mais forte... Alguém muito especial despertara nela uma intensa e insólita atração! O jovem sobrinho do senador, Domicius, regressara triunfante de batalhas em além terras, sendo nomeado para aquelas paragens, pretendendo fixar-se até o definitivo translado para Roma, provavelmente seguindo os passos do tio no Senado. Tendo-o recebido com efusivas manifestações de apreço, Pompilius cedeu-lhe lugar na ampla e confortável casa, não lhe passando pela cabeça, em momento algum, que os dois jovens pudessem sentir atração um pelo outro...

Durante a ceia, os olhos de Flávia seguiam os movimentos do atlético romano, observando os detalhes da elegante figura realçada pelo uniforme, os claros cabelos, os olhos de profundo azul acinzentado... Em comparação com seu idoso companheiro, parecia um deus grego! Desviou o olhar na direção do companheiro, contemplando com desalento as rugas, o corpo que os anos haviam tornado flácido... Sabia que a amava, respeitava-o por conveniência, mas ele não poderia dela esperar eterna fidelidade! Precisava cuidar-se para que ele tudo ignorasse, pois não pretendia perder a boa vida!

Os dias transcorriam e Flávia deixava-se envolver cada vez mais pelo encanto do rapaz. Percebendo o claro interesse da concubina de seu tio, o romano fugia às suas investidas, pois não lhe convinha, em absoluto, afrontar Pompilius, a quem muito respeitava, admirando-lhe os dotes de estadista, pretendendo valer-se de seu prestígio para ascender politicamente.

À astuta Flávia não passaram despercebidas as intenções do moço. Após muito refletir, propôs-se a ajudá-lo, desde que ele não mais a evitasse. Para sua imensa vergonha e espanto, o moço dispensou-a com irônicas palavras, ameaçando revelar ao tio a maneira como ela estava se comportando.

Após uma noite de insônia e ira, a mocinha, entre lágrimas e fingido desespero, relatava ao amante o suposto assédio de seu amado sobrinho Domicius, acarretando violenta resposta do velho senador, consubstanciada na expulsão do moço de sua casa e transferência para os exércitos em luta em inóspitas terras, onde ele veio a perecer, meses após, vitimado por cruel moléstia, sem adequado auxílio médico, distante da família.

As consequências da mentira em nada afetaram Flávia, embora egoisticamente lamentasse a inútil morte de um jovem tão belo e promissor... Tolo! Poderia ter acedido a seus desejos de mulher...

Pouco tempo depois, Pompilius sofreria constrangedora derrocada política, comum naqueles tempos em que a criatura valia pela indicação dos poderosos e muito fácil incidia em desagrado. Cansado, acabrunhado pela morte do sobrinho, descontente com o comportamento da amante nos últimos tempos, desconfiado de que ela mentira no depoimento contra o jovem, acabou por dispensá-la de maneira sumária, deitando-lhe nas macias mãos algum dinheiro, silenciando os ouvidos às suas súplicas e choros, embora reconhecesse muito amá-la.

Em Jerusalém, a humilhante convivência com pessoas que a encarariam com desprezo seria impossível para a orgulhosa moça... Assim, escolheu uma das cidades próximas, temerosa do futuro, pois jamais guardara um vintém, de si somente possuindo muitas roupas luxuosas e jóias. Com a venda dos adornos de ouro e pedras preciosas, conseguiu adquirir uma confortável casa e, por algum tempo, sobreviveu sem maiores dificuldades, mantendo as aparências, mas logo tudo seria gasto e ela passaria a enfrentar sérias dificuldades.

Nesse ínterim, Pompilius havia retornado a Roma e falecido, vítima de insidiosa febre, deitando por terra as esperanças da bela Flávia, pois a moça contava reconquistá-lo.

Compreendendo que dificilmente outro rico pretendente apareceria em sua vida, Flávia abriu as portas de sua casa a frequentadores masculinos.

Um ano transcorreu...

Naquele dia, o silêncio do alvorecer fora quebrado por vozes... Flávia irritou-se, pois mal havia deitado... Abriu a janela, imprecando:

– Isto são horas de acordar alguém? Não têm o que fazer?! Fora! Fora!

– Calma, bela senhora, calma! Estamos indo ao encontro do Mestre, do Rabi... Deverias ir também...

Flávia retornou ao leito, murmurando baixinho

– Rabi! Não vou perder meu tempo com isso... Rabi nenhum vai colocar comida em minha mesa... Se eu não me explicar... Vai ver esse Rabi não tem de si um tostão! Não preciso de nada a não ser de um novo protetor muito, muito rico, que me dê de um tudo e cuide de mim... Que besteira eu fiz! Por um belo corpo... Maldito Domicius! Teve o que mereceu por se atrever a me recusar...

Quase adormecendo novamente, pensou nas contas a pagar, na falta de dinheiro, no futuro distante, quando não mais seria bela, na solidão... De repente, o sono sumiu e a cama parecia de espinhos!

* * *

Joana acordou. Os primeiros raios de sol invadiam o quarto, incidindo sobre o bercinho do filho... Tentou recordar o incrível sonho que tivera...

- Meu Deus, que vestes mais lindas as da moça do sonho! Seda, pura seda! Jamais tive um vestido de seda, mas bem sei reconhecer um quando vejo! Não consigo lembrar-me dos detalhes do sonho... Mas o "cachorro" do Antenor estava nele... Com umas roupas diferentes, mas ele mesmo... O mesmo corpo forte e musculoso, os mesmos olhos cinzentos... Bonito como ele só... Xô! Quanto mais rezo, mais assombração me aparece...

Naquela manhã, Joana não reclamou de nada. Aceitou o café com leite, esquecendo de dizer que haviam colocado açúcar de mais ou café de menos... Sentia-se esquisita... Uma sensação de que algo havia acontecido... Estranharam todos, pois a moça, nos últimos tempos, estava impossível! Por volta das seis horas da tarde, ela chamou uma das voluntárias da Casa, indagando:

– Lúcia, hoje é quarta-feira, não é?

– É, hoje é quarta...

– Dia de palestra no Centro, não é?

– É!

– Eu quero ir!

Ninguém acreditava! Com o filho ao colo, como há muito não fazia, Joana adentrou o Centro em sua cadeira de rodas, conduzida por Lúcia. Os médiuns entreolharam-se e um deles sussurrou ao Dr. José Carlos:

–Milagre!

–Não, meu amigo, Mundo Espiritual!

Durante a reunião, a moça sentiu-se estranha, como se desejasse ali estar, mas algo muito forte a impelisse para bem distante. Após o passe, tratou de voltar imediatamente para casa, insistindo em ir, dizendo-se com muitas dores. No leito, tomou o copo de leite morno com açúcar que Lúcia lhe trouxe e o analgésico, do qual prescindia, uma vez que inventara as tais dores... Fechou os olhos como se estivesse dormindo, louca para se ver livre da presença da solícita mocinha... Queria ficar só, pensar na vida, no que faria dali em diante, pois não poderia permanecer para sempre naquele lugar... Afinal, até quando aquelas pessoas permitiriam que ali ficasse, sem trabalhar, incomodando?! Chorou muito, baixinho, pois não desejava ser ouvida, acabando por adormecer com as faces molhadas de lágrimas. Naquela mesma noite, Joana retomou o estranho sonho...

***

Após uma madrugada de insônia, Flávia tentava disfarçar o mau humor. Olhando a clientela de reduzidas posses, suspirava... Dali bem pouco sairia! Uma das companheiras de ofício aproximou-se, dizendo-lhe:

– Ouviste as novidades? Um novo destacamento passará por aqui e pernoitará por alguns dias! Soldados de Roma, com o soldo nos bolsos e ansiosos por carinhos!

– Ora, ora! Até que enfim uma boa notícia! Soldados têm superiores... Quem sabe me acerto!

– Flávia, Flávia! Para de sonhar, pois eles vêm e vão e nós continuamos aqui! Trata de ganhar algumas boas moedas, de ouro de preferência, alguma jóia... Quem é que vai nos querer para coisa mais séria?! Além do mais, já não és a flor de formosura de outrora... As rugas vão surgindo, os cabelos brancos...

– Cala a boca, desgraçada!

No fundo, sabia que a outra tinha razão, pois arrancava sempre os cabelos que teimavam em surgir brancos... A pele perdia o viço da juventude, embora não contasse muito mais do que vinte anos... Resultado da vida desregrada, das preocupações, do sofrimento, das doenças mal cuidadas, dos sucessivos abortos provocados por fortes infusões...

Na sala, falavam do tal Rabi... De novo! Diziam que fazia surpreendentes curas... Será que Ele teria tanto poder a ponto de curar aquela dor insistente que sentia no baixo-ventre desde o último aborto? Talvez devesse ir ao encontro dEle... Suspirou baixinho, sentindo que estava muito, muito cansada de tudo e de todos...

Haviam dito que Jesus estaria bem cedinho na praia... Durante o restante da noite, após a saída do último cliente, a moça questionava a validade de procurar o Mestre, pois não havia fé em seu coração, somente um medo muito grande de morrer e, sobretudo, um medo maior de envelhecer só e desprotegida... Assim, resolveu tentar... Afinal, que mal haveria?

Esperava encontrar um ancião de brancas barbas e voz baixa, macia, que fizesse mágicos gestos e recomendasse exóticos banhos e incensos... Provavelmente cobraria por seus serviços, pois Ele também tinha que viver, que pagar contas... Com certeza a olharia com aqueles olhos cheios de censura, como a recriminá-la pela profissão... Ou com olhos de desejo, pois ainda era muito bela... Com raiva de si mesma, murmurou consigo mesma:

– Que vim fazer aqui?! Essa gente toda... Estão mais miseráveis do que eu, que pelo menos tenho moedas para pagar e pernas para andar... Quantas crianças! Melhor faço eu, que as coloco para fora, pois não quero que sofram neste mundo! Vou embora para casa!

Uma grande agitação e depois um silêncio enorme... Os barcos abeiravam-se da praia, deslizando sobre as águas de brancas espumas... Pescadores... Onde estaria o sábio? Os olhos verdes de Flávia destacaram nobre figura, envolta em alvas vestes... Que Homem mais belo! As brisas agitavam-lhe os cabelos cor de mel... De que cor seriam seus olhos?

A seu lado, uma mulher chorava. Flávia fitou-a com descaso, mas perguntou-lhe:

–Onde está o tal Rabi?

A mulher apontou na direção do barco maior, justamente aquele em que estava o Homem bonito...

– Ali está o Mestre... Aquele de manto agitado pelo vento!

Jesus falou por parábolas e Flávia bem pouco percebeu das verdades daquelas histórias, aparentemente tão simples e corriqueiras, ingênuas mesmo... Detestava escutar durante muito tempo... Não tinha paciência... Depois, Ele calou, iniciando sua caminhada pela multidão, atendendo a uns e outros. Afoita, a moça empurrou, discutiu, abriu caminho à força... E chegou...

–Que queres, mulher?

Por instantes, Flávia parou, pensando em tudo o que desejava, e não era pouco, mas colocou a mão no ventre, sentindo a voz morrer na garganta. Ele sorriu e impôs por fugidio instante a destra a alguns centímetros da região doente, dizendo:

– Vai, e não tornes a pecar.

Retornou ao lar sentindo-se lesada. Afinal, Ele não fizera nada, não recomendara nada! Que perda de tempo! Ainda bem que não exigira pagamento, poupando suas ricas moedas, tão duramente ganhas! Resmungava:

– Onde já se viu um sábio que fique por aí com pessoas da ralé, em cima de barco?! Sou uma tola por acreditar nas coisas que esse povo diz... Estou morta de cansaço!

Resolveu repousar um pouco no quarto envolto em penumbra, fugindo às curiosas perguntas das companheiras. Profundo sono deixou-a inconsciente sobre o leito, como se desmaiada estivesse, a ponto de, à noite, não conseguirem despertá-la para o trabalho. Somente na tarde do dia seguinte, Flávia acordou, faminta e livre das insuportáveis dores. Estava curada!

Nos primeiros dias, sentia-se em singular leveza, como se um peso enorme tivesse saído de seu corpo... Queria fazer de sua vida algo melhor, sair do humilhante comércio do corpo... Desejava conhecer a doutrina daquele Homem... Depois, à medida que o tempo passava, acomodou-se, passando a aventar a hipótese de que melhorara por mero acaso... Poderia estar somente cansada...

Cinco anos após, Flávia desencarnava, vítima de mais um de seus abortos... Jesus? Esquecera-se completamente dEle! Em seus delírios, entre a vida e a morte, clamava por Vênus, a deusa do amor...

* * *

As imagens diluíram-se na tela e Joana ficou parada, tentando entender tudo aquilo. A moça bonita do "filme", ainda que diferente em aspecto, era ela! Sentia isso! E o belo sobrinho de Pompilius era o "cachorro" do Antenor... Que significava aquilo, meu Deus?! Voltando-se para D. Clarinda, indagou:

– D. Clarinda, o que está acontecendo aqui? Que lugar é este?

– Joana, minha filhinha, você está em Alvorada Nova, uma colônia espiritual de auxílio e estudos...

– Mas a senhora não está morta e nem eu... Ai, meu Deus, será que morri e não sei?!

Rindo, a anciã apressou-se em atalhar o desespero de Joana:

– Nada disso, minha filha. Estamos bem vivas na Terra... Dormindo em nossas camas... O corpo físico, pelo menos... Mas nossos espíritos estão aqui... Toda vez que adormecemos, nossa alma se liberta do corpo físico... Pessoalmente, ao me deitar para dormir, sempre solicito em minhas preces a oportunidade de vir para cá, onde os irmãos espirituais permitem que aprenda e desempenhe trabalhos de auxílio aos encarnados na crosta terrestre.

– Ah...

– Esta é a sua história, em encarnação há mais de dois mil anos... Não se espante, minha filha, pois muitos de nós estamos desde aquele tempo, e muito antes até, transitando sobre a Terra, em sucessivas encarnações, até aprendermos a amar um pouquinho melhor...Sabe por quê? Por sermos teimosos, rebeldes mesmo diante das leis divinas! Queremos as coisas do nosso jeito!

– Ah, a senhora está dizendo isso por minha causa, não é? Acha que tenho me revoltado, feito coisas que não deveria, tais como ficar emburrada, gritar com os outros, reclamar... Mas quem vai querer uma cadeira de rodas?! Só louco!

– Não se trata de querer, mas sim de aceitar as lições e tentar fazer algo de bom através delas... No seu caso, por exemplo, está sendo necessária uma doença mais séria para forçar mudança...

– Então, Deus está me castigando? Tenho o prazer de lhe dizer que Ele está conseguindo!

Clarinda riu diante da sinceridade contundente da moça, dizendo:

– Você mesma está se castigando, na medida em que menospreza os avisos de seu coração, de sua consciência, desarmonizando assim suas energias... As leis divinas estão insculpidas em nossa consciência, minha querida. Quando as ignoramos, nós mesmos desencadeamos processos de reajuste... Plantamos e colhemos!

– Ai, meu Deus, que confusão!

– Confusão porque você se recusa a estudar, minha filha, a deixar de lado as coisas puramente materiais, valorizando um pouquinho mais as do espírito.

Joana balançou a cabeça, desalentada, prevendo dificuldades:

– Para que me trouxeram aqui?

Clarinda contemplou com amorosos olhos a figura atormentada, compreendendo-a tão bem, pois também já passara por algo semelhante quando moça, ficando a "dar murros em ponta de faca" até o momento em que compreendera ser algo mais do que um corpo, passando a preocupar-se com seu lado espiritual.

– Joana, trouxeram você até aqui para tentar abrir seus olhos. Está na hora de deixar de reclamar, de ir à luta. A vida não parou porque você não pode andar! E os braços, as mãos, a cabeça? Para que servem, minha filhinha?! Será que uma criatura de Deus se resume em pernas?!

Joana ficou pensativa, como se suas ideias estivessem em outra coisa:

– Então, D.Clarinda, eu conheci Jesus?

– Bem... Melhor dizer que Jesus conheceu você! Você passou por Ele, foi abençoada com seu amoroso e curativo toque, mas ainda não dispunha de evolução suficiente para compreendê-lo e aceitá-lo. Mas Jesus continua a identificar você em meio a todas as suas ovelhas... E a amparar... Mas não vai carregar a sua cruz! Nem evoluir por você! Mas permite, em sua misericórdia, que nós a auxiliemos na caminhada, assim como o cirineu auxiliou-o a carregar o madeiro a caminho do Gólgota. Lição mais linda! Ele, o filho de Deus, aceitou o auxílio de um desconhecido, deixando-nos o inesquecível ensinamento de que todos necessitamos uns dos outros em nossa jornada. Pobre daquele que acha que pode fazer tudo sozinho... Ou deixar o outro para trás... Ainda que alcance as alturas celestes, seu coração o fará retornar e tomar pelas mãos os mais fracos, auxiliando-os na caminhada, pois assim é o Amor...

–A senhora viu, D.Clarinda, o "cachorro" do...

–Minha filha, está na hora de assumir os próprios erros... Você atirou a primeira pedra... Por orgulho e vaidade, mentiu, levantou falso contra o pobre Domicius, mandou-o para a morte...

– É...

–Então! Se as coisas continuarem assim, o ciclo vicioso perdurará por alguns séculos a mais... Alguém tem que perdoar para as coisas endireitarem... Que tal você?

Rindo da expressão nada satisfeita da vingativa Joana, a anciã complementou:

–Quando acordar, não se lembrará de quase nada, uma vez que o corpo físico funciona como um escafandro... Ficarão impressões, contudo... O resto vai depender somente de você, pois não podemos constranger ninguém a mudar.

Joana despertou assustada, com a sensação de estar mergulhando no nada, caindo, caindo... A lembrança veio imediatamente: na véspera, estivera no Centro... O Dr. José Carlos falara sobre o jugo leve e o Consolador prometido... Como o moço era bonito! E falava bem, muito bem... Teria sido impressão sua, ou os olhos do jovem médico procuravam-na em meio à assistência? Tratou de tirar bem ligeiro as esperanças do coração, considerando seu estado de invalidez, seu pouco preparo... Ele certamente desejaria moça culta, formada, sadia...

O relógio sobre a mesinha de cabeceira marcava cinco horas da manhã. Melhor dormir mais um pouco... Embora tentasse esvaziar a cabeça, os pensamentos insistiam:

– O Dr. José Carlos disse que Jesus não prometeu tirar todos os nossos sofrimentos e sim auxiliar-nos a suportá-los, deles fazendo lições de vida... Essa história de reencarnação de novo! Será que já fiz muita coisa errada e por isso minha vida hoje está essa droga? Ai, meu Deus, estou reclamando, e ele disse que não é bom... Mas como alguém em uma cadeira de rodas não vai reclamar? Não consigo entender! Nem Jesus eu entendo direito! Só sei de uma coisa: quero andar de novo! Se o Espiritismo vai fazer isto por mim, então eu vou ao Centro todos os dias, nem que seja me arrastando!

Joana tornou-se assídua frequentadora do Centro Espírita. Não faltava nunca! Nem quando chovia, ou fazia terrível frio... E não deixava de indagar sempre:

– Quando será que vou voltar a andar? Falta muito? Coloquem o meu nome na mesa... Vai ver tenho algum obsessor comigo, que quer me ver nesta cadeira de rodas!

Aos poucos, as iluminadoras mensagens do Mestre iam encontrando guarida em seu ansioso e materialista coração e a fé foi-se consolidando. Então, as mudanças começaram a ser percebidas por todos, tímidas a princípio, depois mais marcantes. Um grande marco foi assinalado quando a moça substituiu a habitual pergunta a respeito de seu prazo de recuperação por outra:

– Gente, será que posso ajudar em alguma coisa no Centro?

Servir! A lição maior proposta pelo Mestre! Quando a criatura se dispõe a isso, saiu de seu mundinho egocêntrico, integrando-se à realidade maior, em que cada um representa importante elo no equilíbrio do cosmo. Sim, podia auxiliar, e muito!

Olhando-a em dificuldades com a pesada cadeira de rodas, precisando do concurso de outros para se locomover, um dos frequentadores conseguiu-lhe uma mais moderna, com comandos facilmente acionáveis por ela mesma. Feliz, Joana perguntou:

– Gente, será que posso dar passe? Tenho uma vontade que vocês nem imaginam! Agora, com essa beleza de cadeira, tudo está mais simples... Vou contar uma coisa: ultimamente, quando penso nisso, minhas mão formigam, sinto como que uma corrente de energia passando por elas...

Dar passe, educar a mediunidade, trabalhar em mesa mediúnica... Amar! Pois o sentimento maior, que é o Amor, na Terra só se conquista em contacto com as dores de nossos irmãos. Enquanto estivermos considerando somente os nossos problemas, estaremos estagnados evolutivamente! Mas a sabedoria divina permite que as dores consistam em aguilhões a nos impulsionar no caminho das mudanças. Se nossa existência transcorresse sobre um mar de rosas, com certeza estacionaríamos em nossos propósitos evolutivos, ficaríamos acomodados... As criaturas sobre o orbe terrestre, planeta-escola para espíritos encarnados de reduzida evolução, ainda precisam do estímulo da dor, o que não ocorre em mundos mais evoluídos, onde cada um pode exercer suas escolhas de forma mais sábia, consciente de suas possibilidades e metas.

Na Terra, muitos acreditam que, após o decesso do corpo físico, irão para um céu de eternas venturas, onde planarão em alvas asas entre as nuvens, sem nada fazer, em eterno descanso... Quanta ilusão! No além, os espíritos muito trabalham em prol de si mesmos e dos outros. ...

Joana libertou-se da pena que sentia de si mesma, aceitando-se com as limitações decorrentes de suas necessidades evolutivas. Sem que percebesse, fazia quase tudo, retomando inclusive grande parte de suas atividades profissionais junto à Casa para Gestantes. Afinal, para que serve máquina de lavar roupas, aspirador e outros artefatos que auxiliam nos trabalhos do lar? Sem falar que as tarefas poderiam ser redistribuídas... Nove meses depois, a temida cadeira de rodas integrou-se a sua rotina, a ponto de ela se assustar com a pergunta do Dr. José Carlos, em certa ensolarada tarde:

– Joana, vamos fazer alguns exames? Marquei horário para amanhã bem cedinho...

A moça olhou-o com apaixonados olhos. Aquela constituía a parte mal resolvida! Embora o doutor procurasse dela se aproximar, fugia sempre, considerando-se despreparada para qualquer relacionamento afetivo, temendo ser rejeitada a qualquer instante, substituída por uma jovem fisicamente perfeita. Quanto aos tais exames, já se conformara com suas pernas...

– Joana, escute-me. Essa história de resignação somente se justifica quando esvaziamos todas as possibilidades, o que não se aplica em seu caso. Quando saiu do hospital, você não escutava ninguém, entrou em depressão, não pudemos fazer nada para reverter as sequelas da doença... Mas agora, agora as coisas são diferentes! Você não mais se vê como uma coitadinha, uma injustiçada...

Joana mantinha os olhos baixos, controlando as lágrimas, sem coragem de dizer que estava morrendo de medo de alimentar infundadas esperanças.

Tomando alento, José Carlos completou:

– Tem outro assunto que estou adiando... Não sei se é a hora certa, mas vou dizer assim mesmo: amo você! Sei que está passando por difíceis momentos, mas quero que saiba: os resultados dos exames não vão mudar meus sentimentos... Pense nisso! Podemos casar, ter filhos ou, se você não quiser, ficarmos somente com o Julinho, para mim estará bem assim... O importante é estarmos juntos, minha querida!

Histórias de amor costumam ter finais felizes, onde os dois ficam unidos para sempre, livres de problemas... Somente em contos de fadas, pois, na realidade terrena, o amor entre homem e mulher constitui abençoada oportunidade de crescimento, com todos os percalços costumeiros, mas com conquistas e alegrias, com o reconforto e o amparo um do outro. Assim, a nossa Joana enfrentou prolongado e doloroso período de tratamento fisioterápico, sempre com o esposo a seu lado.

Dois anos se passaram até que pudesse adentrar a Casa Espírita pelas próprias pernas, em uma noite fria de inverno, conduzida pelo braço de José Carlos. À frente, segurando "O Evangelho Segundo o Espiritismo" entre as mãos, o moço perguntou:

– Quem quer abrir ao acaso?

A mão de Joana ergueu-se incontinenti. Ela afagou o livro que apresentava evidentes sinais de uso, fechando os olhos, abrindo-o: Jugo leve...

Com os olhos marejados de lágrimas, estendeu-o ao marido...

Jugo leve... Tanto demorara para aceitar o Mestre em sua vida... Nos últimos tempos, acontecera algo muito especial... Recordava nitidamente aquele momento em que o Mestre impusera sobre ela suas mãos, na distante Palestina... Fora há tantos séculos, meu Deus! Trilhara tantos descaminhos, relutara, fugira... Contudo, a presença amorável de Jesus continuara como chamamento inesquecível! E ali estava, ouvindo José Carlos discorrer sobre o suave jugo do Rabi da Galiléia... Como que por encanto, sentiu-se bem longe... O mar quebrava suas mansas ondas de encontro às areias... Os barcos vinham chegando... O Homem de cabelos cor de mel e olhos muito claros, refletindo a cor dos céus, mergulhava os pés descalços nas brancas espumas, caminhando ao encontro da multidão... Suas mãos estendiam-se, tocando de leve seus cabelos:

– Que queres, mulher?

Com certeza, agora somente almejava sentir-lhe o doce toque de Amor! Aprendera que as dores do mundo poderiam ser superadas, resultando em crescimento pessoal, em evolução. Não mais temia o sofrimento, aceitando-o com a mesma naturalidade com que acolhia as alegrias, sabendo que dele sairia mais forte. Agora confiava em Deus, pai amoroso que sempre facultava o melhor a seus filhos!

Retornando ao lar, a moça acariciou o ventre distendido com carinho, pois esperava o primeiro filho com José Carlos, dizendo ao esposo:

– Que tal um chazinho com bolachas, meu amor? E uma cama quentinha? Começou a chover de novo... Espero que não o chamem para nenhuma emergência...

Pouco tempo depois, estavam entre amigos espirituais, enquanto seus corpos jaziam adormecidos entre as cobertas, embalados pelo tamborilar cadenciado dos pingos de chuva. Rindo, Joana, exclamou:

–Viram? Finalmente estou livre da cadeira de rodas! Nem acredito!

– Uma grande alegria, sem dúvida. Uma conquista!

– E pensar nas vezes em que implorei pela cura... Devo ter deixado os espíritos cansados de tanto insistir... Depois, aos poucos, fui me acalmando e as coisas seguiram o rumo certo...

–Joana, as Casas Espíritas recebem levas de pessoas em busca de auxílio, ansiosas pela cura de seus corpos físicos. Escutam as palestras, iniciam os tratamentos fluidoterápicos, são aconselhadas a seguirem os tratamentos médicos da Terra com disciplina, mas poucas delas persistem no caminho, preferindo continuar dominadas pelas ilusões. Querem curas milagrosas... Logo desistem de seus propósitos de mudança... Sem falar no "coloque meu nome na mesa", "reze por mim, pois preciso muito". Ah, esqueci-me dos "papa-passes"... Tomam passe todos os dias da semana se puderem, ingerem água fluida aos montes, mas fogem dos estudos... "Estudo em casa", dizem! Compram os livros da Codificação, mas eles permanecem intocados nas estantes... Como ninguém aprende por osmose, continuam ignorantes da realidade espiritual, dando um trabalho imenso a seus anjos da guarda e aos benfeitores espirituais, que não conseguem acessá-los, por estarem sempre sintonizados em baixas faixas vibratórias.

– Poderia ser assim comigo...

– Certamente! Ainda bem que finalmente aceitaste o Cristo. Vê bem: aceitar não quer dizer acreditar cegamente, ou crer que Ele te livrará dos problemas e dificuldades... Significa tomar sobre os ombros seu jugo leve, estudar sua doutrina de Amor, conhecer-se e estar aberto à necessidade de efetuar as mudanças imprescindíveis, de maneira persistente, contínua...

– E se tivesse falhado mais uma vez?

– Começarias tudo de novo...

– Sem o José Carlos, acho que não teria conseguido...

– Terias sim, desde que o quisesses realmente. Com o amparo dele foi mais fácil, sem dúvida...

– Ele é alguém de meu passado?

Diante do riso geral, ela insistiu, ignorando o brincalhão comentário de que as mulheres sempre acham estar às voltas com um grande amor do passado.

– Por que estão rindo? Tem lógica... Ah! Queria tanto saber...

Depoimento

A maior parte dos sofrimentos humanos minimizaria muito se as pessoas aceitassem o leve jugo do Mestre, pois seus ensinamentos representam a garantia de estarmos a salvo da insegurança que aflige o homem hodierno, precipitando-o em processos de insustentável medo, em ansiedades e conflitos determinantes de lastimáveis fugas da realidade.

Extremamente materialista, egocêntrica, desconhecedora das realidades espirituais, a criatura, ao se ver impotente em tudo controlar, inconformada com sua incompetência em gerir seu destino e o dos outros ao sabor de seus desejos, resvala pelo abismo das doenças psicossomáticas, de difícil cura quando distanciadas do conceito do homem como um ser integral.

Com Joana ocorreu algo semelhante. Na encarnação em que o Mestre a curou de seus males físicos, então na pessoa de Flávia, num primeiro instante, em contacto com as vibrações puríssimas do Rabi da Galiléia, teve a consciência despertada para as incipientes luzes da realidade espiritual do ser, desejando uma existência diversa daquela que enfrentava. No entanto, a vontade foi insuficiente e os nobres propósitos diluíram-se na acomodação deletéria dos dias e noites distanciados de enobrecedores propósitos. Reencarnações sucederam-se e ela foi pouco a pouco evoluindo, ainda que lenta e forçosamente.

Em tempos atuais, renascendo como Joana, apresentava relevantes indicativos de qualidades, das quais podemos relacionar a responsabilidade financeira em manter a mãe doente e o filho recém-nascido, o respeito à vida, que a impediu de optar pelo aborto, a perseverança em ganhar honestamente a subsistência, ainda que muito bela e desejável, como outrora Flávia o fora.

Uma pergunta, no entanto, deve estar incomodando a muitos: como, tendo sido tocada e abençoada com a cura pelo próprio Mestre, pudera, durante mais de dois mil anos, não conhecê-lo, vivendo afastada de sua doutrina e até de uma religião qualquer?

Tal indagação nos conduz a uma outra: quantos de nós estivemos entre os que procuraram o Mestre quando Ele esteve fisicamente na Terra? Muitos, certamente! Todavia, até hoje, todos enfrentamos imensas dificuldades em empreender mudanças em nossos sentimentos, sinalizando a ocorrência de sucessivas reencarnações, séculos e séculos de idas e vindas no envoltório carnal

Jesus conhecia a realidade do ser! Tanto que, por saber de nossas imperfeições e das distorções que imprimiríamos a sua doutrina de luz, pro-

meteu-nos o advento do Consolador, que chegaria no momento preciso em que as criaturas estivessem prontas para recebê-lo, restaurando importantes aspectos do Cristianismo e fazendo revelações imprescindíveis ao crescimento da criatura, convertendo-se em abençoado instrumento destinado a incentivar nossa evolução. Mas jamais prometeu milagres... A criatura continua senhora de seu destino, plantando e colhendo!

No tocante às doenças, por nós consideradas males, na realidade constituem o caminho da verdadeira cura, a do espírito. Remédio amargo, sem dúvida, mas necessário! Se Joana fosse mais maleável, menos rebelde, teria abreviado seus males físicos com alguns medicamentos modernos e sessões de fisioterapia... Mas, se ela rápido melhorasse, fugiria uma vez mais de suas responsabilidades como espírito imortal. Nem pisaria no Centro... Tudo tem sua hora certa!

Somente mais uma informação: José Carlos era Pompilius... Na Roma antiga, Flávia representara a superação do amor puramente instintivo, fazendo-o conhecer os primórdios do verdadeiro amor... O senador romano de outrora conseguira suplantar com maior facilidade algumas de suas imperfeições espirituais, aceitando a missão de unir-se a Joana nos dias atuais, estabelecendo um lar onde Jesus estivesse presente, amparando-a na insegura escalada, com ela traçando novos rumos evolutivos.

Clarinda

O Rapto

"Não penseis que vim revogar a Lei ou os Profetas. Não vim revogá-los, mas dar-lhes pleno cumprimento." (Mateus, cap. V, v 17).

"Ouvistes que foi dito: Olho por olho e dente por dente. Eu, porém, vos digo: não resistais ao homem mau; antes, àquele que vos fere na face direita, oferecei-lhe também a esquerda. (Mateus, cap. V, v. 38 e 39).

"Eu, porém, vos digo: amai os vossos inimigos e orai pelos que vos perseguem." (Mateus, cap. V, v. 44).

"A moral que Moisés ensinou era apropriada ao estado de adiantamento em que se encontravam os povos que ela se propunha regenerar, e esses povos, semiselvagens quanto ao aperfeiçoamento da alma, não teriam compreendido que se pudesse adorar a Deus de outro modo que não por meio de holocaustos, nem que se pudesse perdoar a um inimigo."

"Jesus não veio destruir a lei, isto é, a lei de Deus; veio cumpri-la, isto é, desenvolvê-la, dar-lhe o verdadeiro sentido e adaptá-la ao grau de adiantamento dos homens. Quanto às leis de Moisés, propriamente ditas, ele, ao contrário, modificou-as profundamente, quer na substância, quer na forma. Combatendo constantemente o abuso das práticas exteriores e as falsas interpretações, por mais radical reforma não poderia fazê-las passar, do que as reduzindo a esta única prescrição: "Amar a Deus acima de todas as coisas e ao próximo como a si mesmo", e acrescentando: aí estão a lei toda e os profetas." (O Evangelho Segundo o Espiritismo, cap. I)

Quando o Mestre chegou à pequenina aldeia, semelhante a muitas outras pelas quais passara em suas peregrinações, anoitecia e as primeiras estrelas luziam timidamente no céu. Veio de maneira humilde e despojada, como se nada fosse.

Acompanhavam-no os discípulos.

Cansados e famintos, os companheiros agitavam-se, buscando alguma hospedaria. Os muitos dias de viagem haviam esvaziado os farnéis, sentiam-se exaustos, ansiando por um leito e comida. Rapidamente perceberam, pela simplicidade do vilarejo, a inexistência de uma pousada, sendo necessário recorrer à hospitalidade de alguma bondosa alma. Durante todo o tempo, o Mestre silenciara, deixando, sem nada opinar, que se organizassem.

Humilde casinha, no fim de ruazinha principal e quase única, clareada pelo luar que se derramava sobre o cenário imerso em silêncio, pareceu-lhes simpática e acessível a suas reivindicações. A mulher recebeu-os sem surpresa, considerando normal atender aos viajores de passagem por ali. Ouvindo a súplica um tanto dramática de Pedro – o discípulo estava com os pés em brasa, a barriga doía-lhe de pura fome, o peso dos anos clamava por urgente repouso –, solicitou que entrassem, oferecendo-lhes o lar simples e acolhedor.

Tratou de assentá-los à mesa, sobre a qual rapidamente dispôs pão, frutas, leite e mel. Jesus chamou-a para que se acomodasse com eles, participando da prece de graças e da refeição. Enquanto ceavam, os olhares dos hóspedes percorriam a sala, registrando detalhes: móveis rústicos, dispostos com esmero e escrupulosamente limpos; flores em vasos improvisados; no chão, acolhedor tapete, com certeza entretecido pelas mãos da anfitriã; grosseiro e alvo pano, primorosamente bordado, as flores em seda contrastando com a rusticidade do tecido, cobria a mesa areada com capricho.

Curiosos, estranhando vê-la só, os companheiros do Mestre indagaram sobre o dia a dia da senhora e ela evasivamente respondeu, dizendo sozinha morar há muitos anos, sobrevivendo do trabalho doméstico em casas mais abastadas ou de serviços na lavoura, a troco de alimentos e roupas na maioria das vezes. Bastavam-lhe para subsistir, acrescentou a mulher, sem nenhuma conotação de desagrado.

Os discípulos, constrangidos em pernoitar na casa de uma mulher solitária, temendo que os moradores da vila a incomodassem com comentários, terminada a refeição, dispuseram-se a partir, mas ela impediu-os de enfrentar o relento da noite, distribuindo cobertas, ajeitando improvisados leitos sobre o chão limpíssimo, dizendo-se honrada em hospedá-los. Sensibilizados com a generosa e sincera oferta, acomodaram-se todos, adormecendo imediatamente, cansados que estavam.

A manhã encontrou-a providenciando o frugal desjejum, muito semelhante à ceia da noite anterior.

O Mestre, silencioso e calmo, acompanhava-lhe os movimentos, observando- a. Não poderia ser considerada jovem, mas certamente ainda era uma bela mulher, de traços marcantes e bonitos, de olhos grandes e negros, cismadores e tristes; os cabelos escuros estavam presos, atados em grossa trança que lhe tocava a cintura; as vestes amplas e simples não disfarçavam a perfeição do corpo esguio e bem proporcionado; as mãos finas, maltratadas pelos ásperos labores, preservavam nobre leveza de gestos. Dela emanava intrigante dignidade, à semelhança de rara porcelana em modesto e obscuro local.

Sentindo o olhar de Jesus, manteve o seu baixo, apressando-se em terminar a tarefa, embora intimamente não se sentisse insultada com a atitude daquele Homem. Sempre discreta, retirou-se para o quintal da casinha, assentando-se em grande pedra à beira de profunda ribanceira, deixando os olhos vagarem pela amplidão verde à sua frente e quedarem pensativos no horizonte.

Os passos silenciosos de Jesus não a perturbaram. Ele tomou

lugar na mesma pedra, ao lado dela. Os olhos dos dois encontraram-se e os do Mestre refletiam terna compreensão. Sentiu-se desarmada, mas segura ao lado do Viajante... Percebeu-o nimbado de luz, como se o esplendor do sol nascente nEle estivesse concentrado...

Sem saber explicar a razão, o passado voltou com incomum força, perturbador e cruel, a dor constrangendo-lhe o peito, oprimindo a respiração.

Mergulhada na claridade dos olhos de Jesus, reviu-se jovem e linda, quase menina, na casa do pai, confortável e rica vivenda, onde nascera e residira até o fatídico dia, entre mimos e luxos de filha única de abastado comerciante da Palestina.

Fora há mais de vinte anos...

Distantes dias de infância e juventude... Suas palavras sempre haviam sido ordens, acatadas com presteza e temor pelos servos, sob risco de severos castigos corporais. Ai do insolente e atrevido que se arriscasse a questioná-la! A pequenina mão, tirana e inconsequente, apontava e exigia desde muito cedo, fazendo girar a rotina da imensa casa em torno de seu voluntarioso querer.

Noemi crescera em beleza e prepotência, acostumada a tudo conquistar pela graça e pela força. Terror dos escravos, sabia fazê-los açoitar sem piedade por mínimas coisas, divertindo-se com seus gemidos e dores, deleitando-se com o poder que sobre todos julgava deter.

O pai, amorosa e tíbia criatura, concentrara na filha única a razão de sua existência, deixando-a agir como bem entendesse e satisfazendo os caprichos de sua cabecinha imatura e irresponsável. Viúvo, jamais acatara a possibilidade de novo consórcio, temendo que a escolhida pudesse indispor-se com a filhinha. Assim, fechara o coração a afetos e ternuras de uma companheira e demais filhos, passando a dedicar-se exclusivamente à pequenina déspota, rindo condescendente de suas travessuras e maldades.

Muito cedo o orgulhoso pai fora forçado a apresentá-la à sociedade, cedendo aos rogos e imposições da bela tirana. Embora insatisfeito, concordara em abrir os salões da luxuosa vivenda para recepcionar não só os de sua raça, mas também os estrangeiros, que cada vez mais se estabeleciam na cidade, em busca de facilidades e fortuna. Roma, feroz águia dourada, faminta devoradora de povos e nações, acenava aos aventureiros com a chama da riqueza e, quisessem ou não, estavam todos sob seu jugo e fascínio!

Naquela noite, estivera especialmente sedutora, a beleza natural realçada pelos trajes em azul e prata. Os olhos escuros brilhavam ao contemplar a imagem de mulher jovem e encantadora refletida em polida superfície. Os panos envolviam-lhe a delgada silhueta, caindo em suaves drapeados, apanhados à cintura por larga faixa bordada em prata, cujos motivos se repetiam na saia e mangas do vestido. No colo de cetinosa pele, as criadas haviam colocado precioso colar em ouro branco e cintilantes gemas azuis; brincos, tiara e bracelete do mesmo lavor completariam as luxuosas vestes, quedando sobre o leito em aveludados escrínios.

Sentada sobre a pedra, a mulher contemplou as mãos maltratadas pelo trabalho e suspirou. Quanta diferença! Que falar então do pardo e rústico tecido da roupa, em contraste com a delicada seda daquele dia...

Outrora, sentira-se bela e poderosa, como se o mundo estivesse em suas mãos de afilados dedos. Girara muitas vezes em frente ao enorme e polido espelho, enamorada de sua figura, admirando os pezinhos calçados com prateadas sandálias. A escrava, que lhe fora ama de leite, ajoelhara-se, arrumando cuidadosamente as pregas, ordenando-as uma a uma. Outra soerguera a diáfana manga, prendendo o largo bracelete ao antebraço gracioso, possibilitando à transparência do tecido realçar as pedras azuis que o guarneciam.

Pronta. Se soubesse, jamais teria descido!

Adentrara a sala de recepções pelo braço do orgulhoso pai, sob murmúrios de admiração. Sentira-se acima de tudo e de todos, senhora de seu destino, inquestionavelmente esplendoroso, cercado de riqueza e felicidade. Beleza, posses, esmerada educação, que mais seria necessário? Erguera bem alto a encantadora cabeça, olhos brilhantes...

Conhecera-o na festa, aquele que mudaria os rumos de sua existência, escrevendo-lhe o destino com linhas de fogo e sangue!

Seguramente, o homem mais bonito que já vira! Alto e forte, negros cabelos, também negros olhos, fitando-a arrogante e audacioso, aquilatando-lhe a formosura, avaliando cada centímetro, despindo-a com ardente olhar...

Impossível deixar de registrar o luxo e o bom gosto dos trajes do desconhecido, bem como as preciosas jóias que o adornavam. Tratava-se de alguém com muitas posses e indiscutível traquejo social, tamanha sua desenvoltura e voluntariosa atitude. Apreensiva, notara o interesse das mulheres, indignando-se com a possibilidade de ser preterida em favor de alguma de suas convidadas.

O pai tratara de afastá-la do sedutor, recomendando-lhe cuidado; embora rico e importante, sua fama de conquistador tornava-o desaconselhável companhia para ingênuas jovenzinhas, submetendo-as ao falatório da cidade e quem sabe a profundas decepções afetivas.

Curiosa, refugiara-se em um canto, buscando quem lhe fornecesse informações sobre o intrigante personagem. Rápida e providencialmente, acercara-se dela larga roda de afoitas jovens, todas com as atenções centralizadas no fascinante conviva. Os comentários cotavam-no como extremamente rico, proprietário de caravanas que percorriam exóticos lugares, comercializando riquezas incalculáveis. Envolto em sedutora e misteriosa aura, muito se comentava sobre suas inúmeras conquistas amorosas e indevassável vida, da qual somente eram conhecidos rápidos relances. Em uma sociedade na qual o dinheiro representava significativo e até determinante peso, consideravam-no invejável partido, contudo, até então, conseguira livrar-se das amarras do casamento, graças a seus próprios esforços e ao temor que muitos pais dissimulavam, diplomaticamente desviando de seu caminho as belas e casadouras filhas.

Sua origem, sua família? Quem saberia! Aparecera um dia na rica e próspera cidade, instalando-se em amplo palacete, agradando a uns e outros, estabelecendo atraentes e vantajosos relacionamentos comerciais, saindo-se muito bem, sabendo manter o exato ponto de equilíbrio que lhe facultava livre acesso a ambas as fontes de fortuna e poder. Muitos questionavam a procedência da riqueza rapidamente amealhada em tão poucos anos, todavia julgavam conveniente silenciar, pois também se beneficiavam, direta ou indiretamente, com as lucrativas transações. Além do mais, graças à prodigalidade do desconhecido em favorecer os poderosos, com eles se aliando ao sabor dos interesses, certamente se tornaria perigoso inimigo. Assim, constituía presença constante na sociedade local, conquanto não o estimassem particularmente, alimentando sérias desconfianças a seu respeito.

A jovenzinha encantara-se com o misterioso homem. Ostentava as características exigidas por sua alma voluntariosa e ardente: dinheiro, poder ilimitado, beleza, paixão... Os moços de sua idade e mesmo os mais velhos sempre lhe haviam parecido entediantes e bobos. O estranho, ao contrário, excitava-lhe a imaginação, fazendo-a idealizá-lo. Apaixonara-se naquela festa, ainda que seu imenso orgulho a impedisse de reconhecer seus sentimentos ou sequer analisar quem poderia ser realmente aquele homem e quais suas intenções.

Os olhos negros buscavam-na insistentemente... Apesar do desejo de se aproximar, guardara distância, esquivando-se inclusive, respeitando as determinações paternas, decidida a preservar a aparência de recato e modéstia. Feminina intuição dizia-lhe que tal atitude provocaria o amor-próprio do orgulhoso personagem, arrojando-o a seus pés, embora não lograsse ignorar ou deixar de temer o interesse de outras jovens e até de senhoras casadas, essas francamente se atirando em cima de seu eleito!

Finalmente no quarto, finda a festa, livrara-se das roupas e joias, atirando-as displicentemente ao piso antes que as servas tivessem tempo de despi-la, enxotando-as violentamente. Necessitava ficar só, pensar! Envolta em macio traje de dormir, deitara-se, entregando-se a devaneios, nos quais o intrigante convidado surgia em situações diversas, sempre preso a seus encantos, rendido por ardente paixão.

Quase adormecida, irritara-se com a escrava:

– Que fazes? Não vês que já estava dormindo? Amanhã serás chicoteada, inútil!

A bela jovem, de longa e fulva cabeleira e ardentes olhos verdes, fitava-a com estranho brilho no olhar, estendendo-lhe perfumada flor, acompanhada de missiva cuidadosamente acondicionada em pequenino cofre de ouro, incrustado de preciosas gemas, semelhantes às dos adereços por ela usados na recepção. Noemi arrebatara-lhe das mãos a flor e o objeto, lendo rapidamente o pergaminho. O rosto delicado enrubescera e, indignada, arremessara a jóia contra o gracioso sofá ao lado do leito, gritando:

– Com quem pensa o insolente que está lidando?! Com uma qualquer como tu?! Como se atreve a dirigir-me convite para entrevista no recôndito dos jardins desta casa, às escondidas de meu pai, fugindo às mínimas exigências do recato e do bom-tom? Não irei! Dize-lhe! De ti depois cuidarei, por te prestares a serviço de alcoviteira, desrespeitando-me!

Sentada ao lado do Mestre, as lembranças desfilavam, como se ontem os fatos houvessem ocorrido, e idênticas emoções contristavam-na, agitando-lhe o sofrido coração... Como fora orgulhosa, infantil, ingênua, vaidosa, tola...

No dia seguinte, antes mesmo do desjejum, ordenara ao intendente:

– Dez chibatadas nessa escrava desobediente e alcoviteira!

Depois, com crueldade e ironia, complementara:

– Raspem-lhe a cabeça também!

Satisfeita, enquanto se deliciava com sumarentos pêssegos e apetitosos pasteizinhos de nata e mel, considerava que, privando a moça da belíssima cabeleira, certamente a enfearia aos olhos do apaixonado pretendente, livrando-se de provável concorrência, pois a escrava sem dúvida era muito bonita e sedutora. Mas não a dispensou dos serviços de quarto, provavelmente por intuir que, caso o estranho persistisse no assédio, através dela o faria, não obstante o castigo a que a submetera.

Não se enganara! Os recados repetiram-se, acompanhados de preciosos mimos, conquistando-lhe pouco a pouco o coração, exacerbando sua vaidade, estimulando seu imenso orgulho. Desculpas plausíveis, engendradas por sua fértil e imatura imaginação, passaram a justificar a insólita conjuntura, apresentando-o como imbuído de sinceras e justas intenções, somente aguardando que ela lhe retribuísse o amor para atrever-se a solicitar o consentimento paterno, disposto a vencer quaisquer obstáculos, tomando-a por esposa. Pobre Noemi!

Algo, no recôndito de seu ser, ainda a impedia de render-se às apaixonantes juras de amor! Os entraves, todavia, foram superados naquela noite, quando a mesma escrava depusera em suas mãos aveludada caixa, onde, atada a magnífico bracelete, incisiva mensagem comunicava demorada e talvez definitiva ausência, em longa viagem de negócios e esquecimento, finalizando:

– Amada de minh'alma, ignorais meus sentimentos mais puros, guardando cruel silêncio... Parto para bem longe, pois pressinto que não poderei enfrentar tanto desprezo, convivendo com vossa presença luminosa sem poder acalentar em meu coração uma esperança sequer!

Na iminência de perder para sempre aquele que acreditava amar, Noemi sentira lancinante dor no peito... Com o coração disparado, ansiosamente indagara, sacudindo a jovem serva:

– Que te disse ele? Repete-me as palavras, sem nada omitir! Anda!

– Quase nada, senhora! Quase nada, pois mal conversa comigo, uma simples escrava! Como sempre, pediu-me que fizesse a entrega! Nada mais... No entanto, pareceu-me extremamente decidido, talvez um tanto triste e decepcionado... Ah! Presenteou-me com algumas moedas, agradecendo-me pelo serviço. Ei-las, minha senhora!

E estendia trêmula mão, onde brilhavam algumas moedas de ouro, verdadeira fortuna para a mísera criatura.

Iria embora! Nada justificava dar tanto dinheiro à serva, a não ser que pretendesse partir! Certamente não mais volveria, dirigindo seus olhares a outra, pois não lhe faltariam pretendentes!

– Ele está lá embaixo, senhora, sob o caramanchão de rosas, na ala norte do jardim. Está vestido para viajar, minha senhora!

As palavras da serva decidiram o impasse.

– Vamos! Preciso falar com ele, dar-lhe alguma esperança! Virás comigo, para que não me julgue mal. Anda! Avia-te, inútil! Que estás a esperar?!

Perseguindo os passos da moça, descera as escadas silenciosamente, evitando os aposentos do pai, atingindo os jardins sem que ninguém a avistasse. Imensa lua clareava os caminhos e cálida brisa encarregava-se de difundir os perfumes das flores na noite pontilhada de estrelas. Suspirara, o coração batendo forte, as mãos suadas, na expectativa do encontro protelado há tanto e almejado como nunca. Seria feliz, muito feliz, alvo de inveja e ciúme, mostraria a todos que conquistara o homem cobiçado por muitas! Enquanto percorria as floridas aléias, sua imaginação entrelaçava sonhos de amor e poder.

Sob o arco de flores, uma rosa vermelha nas mãos, lá estava seu amado! Subitamente tímida, Noemi aproximara-se lentamente do belo homem. À luz do luar, surpreendera-se com o enigmático ardor daqueles olhos que a fascinavam, com a beleza e altivez de seu elegante porte. Ele sorria e algo naquele sorriso causara estranho e pungente medo, uma vontade de recuar, correndo para a proteção da casa às escuras, clamando pelo pai, alertando os servos... Tolice! Se assim o fizesse, perderia para sempre o partido mais desejado da cidade!

Subitamente, ágeis e fortes mãos aprisionaram-lhe os braços e um pano, embebido em líquido de forte odor, fora pressionado contra suas narinas, mergulhando-a em profunda escuridão. Ainda pudera enxergá-lo sorrindo, observando-a em silêncio, estático... Colocaram-na sobre veloz montaria, à frente do raptor, e rapidamente os cavaleiros mergulharam na noite.

A escrava, arrogante e irônica, acompanhara-os, exultante com o destino de sua algoz, despejando sobre a adormecida criatura seu ressentimento:

– Agora terás o que mereces, cobra peçonhenta. Cada cicatriz das surras que ordenaste será vingada. Cada uma delas... Meus cabelos crescerão e a dor do ultraje breve será olvidada, mas o teu sofrimento e a tua vergonha permanecerão! Ordena agora que me açoitem! Ordena!

O amanhecer encontrá-los-ia bem longe, em uma das rotas

do oriente que conduziam a importantes mercados estrangeiros, ávidos por belas escravas de esmerada educação e reconhecidos encantos. Ao recobrar os sentidos, a jovem recusava-se a crer que seu apaixonado fosse responsável por tamanha infâmia. Revoltara-se, extravasando a ira em gritos e impropérios, ameaças e soluços.

Como se não bastasse, fora obrigada a submeter-se aos remoques e insultos da escrava, agora liberta e dona de significativa recompensa, ansiosa por desforra, somente se livrando de castigos corporais por parte da vingativa criatura devido à intervenção de seu misterioso pretendente, que viera em seu auxílio, protegendo sua mercadoria:

– Não! Não podes tocá-la, minha tigresa! Vale muito assim, sem nenhuma jaça... Contém tua ira! Afasta-te!

Mercadoria! Referira-se assim a ela! Onde as palavras de amor e a ardente paixão?! Ultrajada, recusara-se a inquiri-lo, declinando satisfações, prevendo suas sarcásticas respostas.

Temerosa, mais de uma vez sentira sobre si o olhar avaliativo e cúpido do bandido, analisando-a, desnudando-a mentalmente com insolência, como se sopesasse lucros e perdas. Para seu alívio e humilhação, ouvira-o com seus sequazes comentar:

– Para que desperdiçar dinheiro se não nos faltam diversões nesta caravana?! Mulheres não nos faltam, senhores! Deixemos essa menininha convencida e prepotente para um digno senhor, um xeque gordo e licencioso, que encontrará prazer em domar e educar essa intocada fera! E pagará bom e sonante ouro por ela, senhores! Bom e sonante ouro, muito ouro!

As festas sucediam-se, o som dos instrumentos nas noites frias, os risos das mulheres e o vozerio dos homens incomodando-a. Trocada por simples escravas, por ela consideradas lixo humano! A que descera, pensava a jovem naqueles dias, o orgulho bramindo em sua alma, o ódio calcinando-lhe a razão, impedindo o raciocínio, prostrando-a sobre o desconfortável leito ao qual era arremessada após cada dia de cansativa jornada, certa de que Deus a abandonara à mercê daqueles facínoras!

A cidade enorme e repleta de ruídos aos quais não estava acostumada anunciara o término da estafante viagem. Conduzida a confortável e suspeita hospedaria, fora banhada e perfumada por indiferentes serviçais. Estupefata, presenciara aquela que fora sua escrava adentrar o quarto e retirar de oloroso baú as roupas da festa na qual conhecera seu implacável sequestrador, as joias, as prateadas sandálias... A ironia da situação provocava desespero! Queria fugir, mas para onde?! Como?!

Vestida, perfumada e enfeitada, conduziram-na, qual boneca, a espaçosa casa, de mobiliário luxuoso e ostensivo, repleta de homens.

Para sua surpresa, outras jovens igualmente belas e assustadas ali estavam. Muitas haviam feito parte da mesma caravana, subtraídas a lares estáveis e amorosos, com histórias semelhantes à sua, todas fascinadas pelo misterioso homem de olhos negros e cruelmente mergulhadas em uma realidade de degradação. Não fora a única!

O leilão estendera-se inexoravelmente e, uma a uma, foram sendo destinadas a seus donos, disputadas como animais, expostas e apalpadas por insultantes mãos. Arrematada a alto preço, um dos maiores da noite, caso isso servisse de consolo a seu espezinhado e inútil orgulho, passara a integrar numeroso grupo à disposição de rico e extravagante senhor, cruel criatura que lhes ignorava o sofrimento, cobrando sorrisos e demonstrações de carinho e ternura, sob pena de lancinantes castigos.

Ela, a orgulhosa Noemi, aprendera a sorrir e a obedecer para não ser açoitada!

O primeiro ano transcorrera entre desesperos e frustrados ensaios de fuga, pois o harém era muito bem vigiado. No segundo ano, resultado de uma das fortuitas visitas ao odioso amo, surpreendera-se estranha, o ventre avolumando progressivamente: estava grávida!

A princípio, revoltara-se, intentando lançar fora do intumescido ventre a frágil vida emergente, recorrendo a tisanas, estendendo ao entezinho a repugnância que sentia pelo pai. Inúteis tentativas, pois a criança permanecera e ela, aflita e inconformada com aquilo que considerava desgraça, finalmente acedera em deixar-se cuidar pelas demais, escravas como ela, que buscavam consolá-la:

– Noemi, precisas aceitar tua condição, senão morrerás de desgosto... O amo não se importa muito com concubinas... Olha! Come um pouquinho... Fará bem a ti e ao nenê...

O filho nascera em chuvosa noite, o ruído dos trovões sobrepujando os gemidos de dor da pobre mãe, a luz dos relâmpagos iluminando o rostinho miúdo e a boca que se prendera ao jovem seio materno. Naquele instante, ao tomá-lo nos braços, amara-o, esquecendo sua origem triste e desprovida de afeto. Apaixonara-se pelo pequenino que lhe sugava o peito e um sentimento até então desconhecido asserenara as dores de sua ulcerada alma.

Vendo-a feliz e esperançosa, outras mais experientes avisaram-na:

– Noemi, não te apegues em demasia à criança, pois fatalmente a levarão assim que o leite materno não mais for necessário. Ao senhor não agradam filhos de escravas, ainda que seja o pai... Os pobrezinhos nascem sem controle e logo são enviados a distantes propriedades, destinados a serviço escravo quando atingirem a idade, ou vendidos em concorridos leilões, pois quase sempre são belas e sadias crianças, futuros servos de valor, valendo a pena nelas investir.

Recusara-se a aceitar a dura realidade, refugiando-se em seus sonhos, agarrando-se ao filho, acreditando que nada aconteceria, que Deus a livraria de tão triste sina...

A criança crescia saudável, linda criaturinha de negros cabelos e olhos. Levaram-no assim que se habituara a andar, afastando-a sem piedade, impassíveis diante de seus apelos e lágrimas. Pudera vê-lo ainda algumas vezes, de longe, separados pelas artísticas grades que protegiam as luxuosas instalações do restante do palacete. Depois, não obstante a ansiedade e os esforços envidados, não mais conseguira vislumbrar o filhinho, tudo indicando que as companheiras de escravidão e sofrimento sabiam o que estavam falando. Muitas delas haviam experimentado semelhante provação e, compadecidas de sua dor, tentavam confortá-la, pois sua revolta, uma vez extravasada, seria punida com a morte! O amo era inflexível em questões de obediência!

– Confia, Noemi... Um dia, quem sabe, poderás achar teu filho... Não te entregues ao desespero... Acabarás morrendo... Nosso dono é cruel, valemos menos do que seus cavalos de raça... Para mandar-te matar, é um piscar de olhos! E teu filho, teu menino? Lindo como era, com certeza estará bem cuidado... Vamos, coragem!

O apoio das companheiras e a esperança de rever a criancinha insuflaram-lhe energias para calar e persistir em ocasional papel de amante ardorosa no insuportável leito, freando a dor lancinante, sorrindo, embora a alma gritasse e chorasse.

Apesar de cercada pelas muitas companheiras de infortúnio, sentia-se solitária... Sempre que possível, fugia das obrigações junto ao amo, alegrando-se em ser preterida, rezando para que dela se esquecessem os eunucos responsáveis pelas concubinas.

Interessante e renovador processo desenvolvia-se naquela alma em ingente sofrimento.

A lembrança da casa paterna, inicialmente envolta em saudades acerbas, pouco a pouco passara a revestir-se de remorsos dantes jamais sentidos. Quanto fora amada e protegida!

Mas também, quanto fora cruel e irresponsável, humilhando e maltratando os escravos, ordenando vezes e vezes que lhes vendessem os filhos quando a aborreciam ou atrapalhavam os afazeres, quiçá por simples capricho, como forma de se impor! Amiúde, vinha-lhe à lembrança a figura da ama de leite, que lhe sustentara a vida: amara-a como filha de suas entranhas, repartira o leite que cabia a seus filhos, e ela lhe concedera o desdenhoso tratamento dos demais, vendendo-lhe as crias! Como pudera ser tão impiedosa?!

Escravas! Seres que considerara desprovidos de sentimentos e alma! Tornara-se uma escrava e como doíam as injustiças agora, quando as sentia em si mesma! E o filho, onde andaria? Os remorsos atormentavam-na, sentindo nas próprias carnes as dores que anteriormente infligira a outros.

Os conceitos da lei de Moises vinham-lhe à memória: "Olho por olho, dente por dente..."

Estaria sendo castigada? Provavelmente! Julgava-se a menor das criaturas, sem direito a nada! Os dias transcorriam lentos, em mórbida inércia... Alheia a tudo, mergulhada em cismas, Noemi penalizava-se pelo comportamento pretérito...

Os anos decorreram. Embora bela, deixara de interessar ao senhor, ocupado com jovenzinhas, sempre insensível ao amor verdadeiro, relegando-o à luxúria no leito de sedas. Juntamente com outras em idênticas condições, fora vendida, observando indiferente os módicos preços oferecidos. Antigamente, ofender-se-ia... Sentira separar-se das amigas de tanto tempo, derradeiro vínculo com uma juventude que lhe parecia distante e perdida para sempre. Foram-se, cada uma para um local, e ela, ainda mais só, considerara-se feliz e grata em ser arrematada por respeitável servo de bondosas feições, que a adquirira para serviços domésticos em casa romana de insignificante relevância. A maioria das jovens terminariam seus dias em infectos bordéis, vitimas de doenças e maus tratos!

A senhora destinara-a aos afazeres da cozinha, após observar o asseio das roupas e mãos. Em amplas instalações, serviçais em constante atividade preparavam não só as rotineiras refeições, como também as iguarias que guarneceriam os constantes banquetes oferecidos pelo amo, ansioso em obter promoção na carreira e ser designado para cargos de maior importância. Em tais dias, a senhora irrompia na cozinha qual furacão, por instantes deixando de lado a habitual arrogância, em tom de súplica ordenando:

– Quero tudo perfeito, perfeito! Disso depende o futuro de nossa família! Saibam todos, caso ainda não se tenham dado conta: quando os amos vão mal, os servos vão muito pior! Muito pior, entenderam? Assim, nada de corpo mole! Mãos à obra, quero que saiam daqui maravilhados com os acepipes! Ah! E o vinho? Temos bastante? Queremos o melhor, o melhor!

Às escondidas, os servos comentavam sua ingenuidade, rindo-se dos desesperados anseios de reconhecimento do amo, sendo de domínio público sua desmedida ambição. E a esposa, simplória criatura por ele retirada do anonimato de humilde família plebéia, em momento de desenfreada paixão, secundava-o nos sonhos de poder!

Jamais cozinhara algo em sua vida! Sempre fora servida, mesmo escrava no harém, quando seus dias se diluíam na preguiçosa inatividade dos coxins de seda, entre doces e frutas, aguardando o desejo do senhor! Nada sabia fazer! Contudo, a relativa liberdade que entrevira naquela casa estimulara-a, dando-lhe alento para aprender o mais rápido possível as tarefas. Tamanho empenho fê-la sobrepujar as dificuldades, garantindo sua permanência na residência do romano. Uma esperança voltara a animar o sofrido coração: rever o filho!

Meses depois, auspiciosas notícias abalaram a casa: o amo

conseguira o almejado cargo e a família seguiria para certa região da Palestina. Temerosa a princípio, receando uma nova venda em mercado de escravos, felizmente viu-se incluída entre os que partiriam com os senhores. A nova terra significaria renovação! Conquanto sempre atenta a seus deveres, jamais desistira da busca pelo filho, ainda que não soubesse como encontrar e até como identificar a criancinha de outrora. Estaria adolescente, provavelmente um lindo jovem... Que feições teria? Parecer-se-ia com o desnaturado pai? Ou com ela, a infeliz mãe que o amava? Dia e noite pensava e repensava, suplicando a Deus encontrá-lo.

O regresso às terras de origem, oportunizando a possibilidade de contacto com pessoas de sua raça, fora extremamente doloroso. Saudades da vida de antigamente dilaceravam-lhe a alma! De início, pensara em procurar a família, mas acabara resignando-se com a momentânea impossibilidade de realizar tais buscas. Como? Era escrava, adquirida por seus donos como mercadoria, propriedade deles, sem liberdade de ir e vir. Que importaria aos presunçosos romanos a obscura mulher que trabalhava na cozinha? Sequer acreditariam que um dia fora rica e bela! Ela mesma, às vezes, achava-se louca, tomada por delírios, insano sonho de poder e fortuna! O pai provavelmente falecera e não existiam parentes próximos... Além do mais, que restara daquela jovem de outrora? Nada! Sentia-se velha, cansada... Uma só vontade perdurava: rever o filho!

Certo dia, por um daqueles acontecimentos que costumamos delegar ao acaso, adentrara a senhoril casa simpática criatura, mercador de pequenas posses, de visita aos novos moradores, oferecendo seus préstimos e mercadorias. Observando-a, silenciosa e discreta, dela se agradara, passando a aparecer com frequência, na expectativa de encontrá-la e com ela trocar breves e educadas palavras. As maneiras gentis e respeitosas do homem cativaram-na, conquanto idoso e sem expressivos atributos físicos.

Para surpresa do enfatuado romano, o comerciante solicitara particular entrevista, abrindo-lhe o coração, propondo a compra da humilde escrava que labutava na cozinha. A insólita situação acabara nos ouvidos da senhora, que intimara o pretendente à sua presença:

– Queres comprar-nos a serva Noemi?! Qual o motivo, se tantas existem mais jovens à disposição no mercado de escravos?

– Ela me agrada, gentil senhora... Aprecio seus modos, seu jeito de ser... Além do mais, desde que nela pousei os olhos pela primeira vez, não consigo esquecê-la! Gostaria de levá-la comigo... Determinai a soma, ilustre senhora! Embora não seja rico, disponho de economias para reembolsar vosso investimento...

Sensibilizada, talvez recordando os dias da não distante juventude, em que o consorte arrostara a indignação e a cólera dos familiares para desposar uma jovenzinha da plebe, deixara-se levar por generoso impulso, fixando justa quantia para a transação, imediatamente realizada pelo exultante mercador.

Ao transporem os portões da casa, ela sobraçando pequenina trouxa, surpresa e assustada com o inesperado acontecido, aquele que Noemi considerava como seu novo dono pronunciara-se, dizendo do amor que abrigava no nobre coração, deixando-lhe livres os caminhos se porventura com ele não desejasse conviver. Um sentimento profundo e doce inundara o ulcerado coração da moça, fazendo com que o aceitasse na qualidade de companheiro; a partir daquele momento, deixara de ser escrava, tornando-se consorte e amiga.

Nos poucos anos de convívio, finalmente Noemi encontrara paz e amor, com ele reaprendendo a confiar, modificando crenças e valores ao influxo da bondade daquele homem simples e sensível. Como um dique rompido, as emoções recalcadas durante os longos anos de sofrimento vieram à tona, permitindo-lhe relatar ao esposo a história de seu primeiro e fatal amor. Por insistência dele, retornaram à cidade natal da moça. Nada restara da família e muito menos de seus bens, encampados pelo estado na ausência de herdeiros legais! Reconhecendo a inutilidade de quaisquer reivindicações, retomaram a vida serena que compartilhavam.

Uma febre insidiosa provocara o desencarne do companheiro, deixando-a só, com parcos bens, resumidos na casinha e em algum dinheiro, suficientes para o restante de uma existência sem privações, conquanto modesta.

As saudades cada vez mais pungentes do filho fizeram-na abandonar a segurança do lar e perambular de cidade em cidade, em busca da criança subtraída a seus carinhos em tenra idade, gastando pouco a pouco tudo que lhe restara. Desanimada e desprovida de recursos, aportara finalmente na pequenina vila da Galiléia, onde Jesus a encontraria anos após.

Então, os tempos de sofrimento haviam contribuído para transformar a voluntariosa jovem em sensível criatura, lapidando-lhe significativas arestas espirituais, burilando sentimentos. Aprendera a entender a dor alheia pelo difícil caminho da própria dor; a solidariedade das companheiras escravas, infelizes como ela e tão generosas no amor desinteressado, incondicional, calara fundo em seu coração, fazendo-a refletir sobre o comportamento do passado; a ternura e o amor daquele que lhe honrara a existência na qualidade de esposo favoreceram o desabrochar da solidariedade e da gratidão, do esquecimento e do perdão aos que a haviam prejudicado.

Na noite anterior, ao olhar pela entreaberta janela o empoeirado grupo caminhando em direção a sua casa de reduzidas posses, atendera a uma voz interior que lhe recomendava nada temer, auxiliando-os. Talvez o filho amado estivesse precisando alhures de alguém, que semelhantemente o acolhesse e alimentasse!

Por que a recordação de tudo aquilo, ali e agora, sob o claro olhar daquele Homem? Sentia-se feliz e protegida a seu lado, embora não o conhecesse. Ficaram sentados sobre a pedra, ao calor agradável dos primeiros raios solares, fitando os campos a distância, o céu de infinito azul, o sol nas folhas das árvores, um rastro de luz nas águas do riozinho... Uma paz imensa e indescritível dEle emanava... Estranhamente, não mais sentia solidão... Um sentimento desconhecido brotava, inundando-a de indescritível paz... Jesus tomou-lhe as mãos embrutecidas pelos ásperos trabalhos, apertando gentilmente os maltratados dedos, dizendo-lhe, como se ela houvesse manifestado em alta voz aquilo que se limitara a pensar:

– Noemi, aprendeste pelo caminho mais difícil, o da dor. Deténs sentimentos aprimorados progressivamente no decorrer de longos dias e noites, estabelecendo novos patamares evolutivos para teu ser. Algumas das verdades, que estou a espalhar pelo mundo com a permissão de meu Pai, estão em ti agora, fruto dos embates da vida, preciosa escola da qual hauriste valores extremamente enriquecedores, verdadeiros tesouros, embora ainda não aquilates sua importância. Sofreste, choraste, mas dentro de ti, bruto diamante a ansiar por lapidação, o espírito jamais se desesperançou, mesmo nas horas mais difíceis, quando te quedaste na inércia da dor pela perda do filho amado. Retificaste os erros do passado, estendendo a outros amor e consolação, subtraindo mágoas e ressentimentos. Conquanto tua alma esteja mergulhada em saudade e não tenhas te dado conta do processo de mudança que vem se desenrolando desde a saída da casa de teu pai até os dias presentes, o caminho percorrido foi grande!

Ela recordou uma vez mais os ensinamentos de Moisés, acusando-a dos erros do passado, sentenciando irrevogável castigo: "Olho por olho..."

O Mestre atalhou-lhe o rumo dos pensamentos:

– Eu, porém, te digo: a quem te bater em uma das faces,

oferece a outra. Ama, perdoa, esquece. Somente deste modo conseguirás refazer tua vida, recomeçar, deixar para trás os pesos inúteis das mágoas. Assim fazendo, estarás seguramente no caminho certo. Se nosso Pai, que é perfeito, perdoa as criaturas vezes sem fim, dando-lhes a oportunidade de reencarnar e recomeçar em mundos considerados escola, de acordo com o grau evolutivo e as necessidades de cada um, por que tens tamanha dificuldade em perdoar a ti mesma? Vivencia o autoperdão como salutar terapia de saúde física, emocional, espiritual... Aquela pessoa de outrora não mais existe; em seu lugar, uma outra, amorosa, gentil, amiga, caridosa, clama pelo direito de ser feliz!

Depois, sorrindo docemente, abraçou-a, dizendo baixinho, como se os pássaros, únicas testemunhas presentes, pudessem ouvi-lo:

– Hoje mesmo encontrarás teu filho. Conhecê-lo-ás pela pequenina joia que lhe ataste ao pescoço ao nascer...

Naquele Homem, nada mais poderia surpreendê-la. Pareceu normal que Ele soubesse da joia, não obstante ela mesma houvesse olvidado o fato, talvez considerando impossível que, tantos anos após, o filho ainda a conservasse!

Na manhã daquele dia, a multidão estava há muito reunida, esperando-o. Ele demorara um pouco mais na casa da viúva, em conversa no quintal... Assim, impacientavam-se todos: doentes, crianças esquálidas nos braços de chorosas mães, cegos, paralíticos, possessos manietados como animais... Crentes e descrentes, esperançosos e desesperançados...

A emoção fê-la cambalear e as lágrimas embaraçaram a visão do jovem alto e extremamente bonito, com olhos tão negros como os seus, que dela se aproximou, perguntando-lhe baixinho, em meio à multidão presa finalmente às palavras de Jesus:

– Estás bem, senhora?

No pescoço, atada a escuro cordão de couro, a pequenina pedra azul, engastada em argola de ouro branco lavrado, elo do colar que lhe adornara o colo na juventude: seu filho, finalmente!

Depoimento

Muitos o esperavam naquele dia. Eu viera de longes terras, perseguindo-o através dos caminhos trilhados por seus divinos pés, colecionando impressionantes relatos pelos recantos em que havia deixado sua profunda e indelével marca de Amor.

Por que seguia seus passos? Talvez pelo motivo maior de conhecê-lo sem jamais o ter visto, de pressenti-lo em meus sonhos, acenando–me com a aceitação do jugo leve que transformaria minha existência, senda sem volta, redentora conquanto difícil.

Minha história era, por si só, diferente, incomum. Adquirido ainda muito criança como escravo em concorrido mercado do Oriente, pouquíssimo guardava em minha memória daquela que fora minha mãe biológica, a não ser frágeis impressões de seu sorriso, da voz doce, do cálido contacto do seio quando me alimentava. Os longos anos de separação e, principalmente, a tenra idade em que dela me apartaram comprometiam as lembranças, envolvendo-as nas brumas esmaecidas do tempo, o que não impedia que persistente saudade me acompanhasse, resultado talvez dos pensamentos constantes de minha mãe, sempre saudosa do filho que lhe haviam subtraído aos amorosos braços. Embora Deus me concedesse uma mãe adotiva gentil e amorosa, que me elegera filho por opção própria, retirando-me de aviltante escravatura, legando-me ilustre nome familiar e consideráveis bens e educação, ainda assim sonhava encontrar a mulher que me agasalhara no ventre.

Desde que dEle ouvira falar pela vez primeira, imprescindível se tornara conhecê-lo pessoalmente, pois intuía a magnífica e sublime oportunidade à qual muitos não teriam acesso; por outro lado, os que a menosprezassem certamente se entristeceriam ao tomarem consciência da perda em tempos futuros. Assim, palmilhara os caminhos por Ele trilhados até aquela radiosa manhã primaveril, de límpido céu e sereno mar.

A multidão envolvera-o à semelhança das ondas que buscam as areias da praia, e o Mestre voltara-se para ela com naturalidade, como se também ansiasse pelo contacto com seus irmãos, conosco. Enorme silêncio e sua voz percorrera a perfumada atmosfera, ampliada, suave, compassiva, enérgica, amorosa... Recordo a envolvente emoção, desacreditando que finalmente estivesse frente a frente com Jesus!

Havia lágrimas nos olhos da mulher ao meu lado, também anônima na massa humana aglomerada ao redor do Rabi. Algo naquele olhar atraiu-me a atenção, como se fosse um clamor silencioso de desespero findo, de esperança concretizada, de graça alcançada!

Minha mãe!

Ezequiel, assim ela me chamara ao nascer. Caio Vinicius, um nome para um filho do coração, liberto das agruras da cativeiro por outra admirável mulher. Às duas excepcionais criaturas, gratidão e amor.

Ezequiel/Caio Vinicius

Tesouros

"Vendei vossos bens, e dai esmolas. Fazei bolsas que não fiquem velhas, um tesouro inesgotável nos céus, onde o ladrão não chega nem a traça rói. Pois onde está o vosso tesouro, aí também estará o vosso coração." (Lucas, cap. XII, v. 33 e 34).

"O amor aos bens terrenos constitui um dos mais fortes óbices ao vosso adiantamento moral e espiritual. Pelo apego à posse de tais bens, destruís as vossas faculdades de amar, com as aplicardes todas às coisas materiais. Sede sinceros: proporciona a riqueza uma felicidade sem mescla? Quando tendes cheios os cofres, não há sempre um vazio no vosso coração? No fundo dessa cesta de flores, não há sempre oculto um réptil? Compreendo a satisfação, bem justa aliás, que experimenta o homem que, por meio de trabalho honrado e assíduo, ganhou uma fortuna; mas, dessa satisfação, muito natural e que Deus aprova, a um apego que absorve todos os outros sentimentos e paralisa os impulsos do coração vai grande distância, tão grande quanto a que separa da prodigalidade exagerada a sórdida avareza, dois vícios entre os quais colocou Deus a caridade, santa e salutar virtude que ensina o rico a dar sem ostentação, para que o pobre receba sem baixeza." (O Evangelho Segundo o Espiritismo, cap. XVI).

A noite fizera-se quase que bruscamente. Os últimos raios de sol, afugentados por intempestiva nebulosidade, cederam-lhe lugar, e o viajante viu-se de súbito em meio à escuridão, sequer atenuada por breve luar. Em vão buscou nos céus vestígios de estrelas, somente encontrando vultos de pesadas e plúmbeas nuvens, aflitivo prenúncio de tormenta. Súbita ventania, levantando nuvens de areia e seca vegetação, confirmava seus temores. Desalentado, a angústia comprimindo dolorosamente seu peito, tratou de estugar os passos, na esperança de alcançar a hospedaria que sabia estar próxima. Enquanto caminhava, diligenciando orientar-se pelos imprecisos contornos da estrada, perdido no negror que o rodeava, tumultuados pensamentos torturavam a dorida cabeça, fazendo-o repassar vezes sem conta os acontecimentos do dia, enquanto falava consigo mesmo, vergastando-se com inúteis reprimendas:

– Josué, Josué! Descuidado! Mil vezes inconsequente! Se fosses viajante de primeira estrada, ainda assim serias um idiota, um néscio! E a experiência?! Onde foi parar?! Como te deixaste envolver de modo tão infantil?!

Ainda cedo, deixara a casa luxuosa e confortável, verdadeiro palacete na parte nobre de uma das mais importantes cidades da Palestina, dirigindo-se a localidade próxima, distante três ou quatro dias de viagem, munido de bem recheada bolsa e sortido farnel.

Em seu destino, lucrativos negócios aguardavam-no; mercador há anos, dedicava-se ao repasse de mercadorias finas, oriundas de exóticos e distantes países, bem como artigos inexistentes na produção regional, atendendo principalmente os comerciantes de maior destaque, donos de estabelecimentos altamente cotados. As preciosidades abarrotavam-lhe os amplos depósitos, dos quais pessoalmente zelava, com inexcedível rigor, cioso do rico patrimônio a requisitar constante atenção.

Naquela madrugada, a exemplo de muitas outras, após a chegada e a conferência de mais uma bem abastecida caravana, suspirara satisfeito. Um verdadeiro tesouro, aguardando imediata e lucrativa transação! Estava tudo ali! Volveu ao lar, tecendo planos para a imediata viagem. Os servos, conhecedores de seus gostos, haviam preparado a montaria predileta, ajeitando o alforje com as provisões. Josué, com breve olhar, tudo aprovara, tratando de acrescentar recheada e sonante bolsa à reduzida bagagem. Satisfeito, mal clareara o dia, encontrava-se na estrada. Havia muito a fazer e os lucros seriam excelentes!

Ao contrário de outros que como ele se dedicavam a tal mister, há muito dispensara a companhia de servidores e mercadorias, preferindo pessoalmente estabelecer os contactos iniciais para depois, ciente das preferências e necessidades, enviar aos compradores os bens, então sob guarda e responsabilidade de fiéis representantes. Inteligente, astuto, finamente educado, percebera constituir ele mesmo a maior e melhor garantia de excelência, além de considerar que ninguém o superaria na arte de convencer e vender.

Os primeiros raios de sol alcançaram-no, a passo largo da vigorosa montaria, um corcel negro de rara beleza. A figura jovem e forte, de bronzeado rosto, os olhos argutos e sérios, as mãos firmes no comando das rédeas, tudo denunciava os traços enérgicos e controladores de seu caráter.

Rápidas paradas, sob acolhedoras árvores, foram as únicas interrupções no primeiro dia de viagem. Abria então o farnel, alimentando-se frugalmente, enquanto desfrutava o silêncio reinante, os olhos no animal que saboreava as frescas gramíneas ao redor dos cristalinos mananciais de água, ou nas brancas nuvens a passear nos céus de incrível azul. A precisão na escolha dos locais de descanso demonstrava prévio conhecimento do roteiro de viagem, e o cavalo parecia compartilhar-lhe as predileções, satisfeito com os hábitos simples e objetivos do dono.

Naquela jornada, incluíra em seus planos passar a primeira noite em simpática hospedaria à beira do caminho. Calculando bem o passo da montaria, lá chegaria ao anoitecer, garantindo pouso e ceia, sem falar na reposição de suprimentos no quase vazio alforje.

Perdido em seus pensamentos, a ideia repartida entre o descanso e as possibilidades de vantajosas negociações, alheara-se à estrada, deixando-se conduzir automaticamente pelo animal.

Assim, surpreendera-se com o grupo de homens que lhe barraram os passos, vindos de pequeno bosque, interceptando a assustada montaria, rapidamente dominada por experientes mãos. Com idêntica agilidade e precisão, lançaram-no ao solo, onde pontiaguda pedra acidentalmente se encarregou de desacordá-lo. Mal tivera tempo de olhá-los, restando-lhe somente a fugidia impressão de coloridas roupas, risos, bruscos e rudes gestos, desagradável odor de corpos suados e sujos.

Ao acordar, estava só, sobre a terra do caminho! O animal se fora, bem como o dinheiro! A cabeça, seriamente ferida e ensanguentada, doía de forma terrível, sustando-lhe o imediato ímpeto de levantar.

À meia voz, contentara-se em dirigir vãs ameaças aos ladrões que, àquela hora, com certeza longe estariam. O sol ainda causticante, embora a tarde seguisse adiantada, aumentava as dores; os mosquitos, atraídos pelo cheiro de sangue, picavam-no sem piedade... Surpreso, percebera que braços e rosto ardiam, evidenciando a prolongada duração do desmaio, tempo em que estivera deitado inerme ao sol. Seus olhos caíram sobre a pedra na qual batera a cabeça, notando extensa mancha de escurecido sangue a embeber a terra em volta... Nada bom...

A garganta queimava, o corpo febril pedia imediato repouso... Fora um tombo e tanto! Arrastara-se até chegar a abençoada e frondosa árvore, acomodando-se à sua sombra. Ali se deixara ficar, entorpecido e sonolento... Suave e reconfortante ruído de água encaminhara-o, cambaleante, a pequenina e gélida fonte, entre pedras e folhas, na qual pudera banhar as faces e a ferida, dessedentando-se. Reanimado, rasgara parte das vestes, enfaixando a cabeça, resguardando-a da poeira e dos insistentes insetos.

Pela posição do sol, ainda dispunha de algumas horas antes do anoitecer. Optara por evitar o calor excessivo, estirando-se sobre a fresca relva, adormecendo imediatamente, em sono agitado, intercalado de gemidos e palavras desconexas.

Meia hora depois, ventos fortes despertaram-no do torpor; a ardência do dia fora substituída por escuras nuvens, o céu de límpido anil tornara-se cinzento, a noite descia célere, muito antes do esperado. Levantara-se, forçando a marcha, lamentando a perda do precioso corcel negro, montaria de sua predileção. O instinto sinalizava a proximidade da estalagem, onde encontraria abrigo e meios de retornar a sua cidade. Quanto aos malfeitores, melhor esquecê-los, pois costumeiros naquelas paragens... Descuidara-se, ingenuamente se colocando nas mãos dos bandidos, fazendo o cavalo estacar ao invés de incitá-lo estrada afora, longe do mal intencionado bando...

Exasperado, empreendera a penosa caminhada, enfrentando a estrada que rapidamente se perdia na escuridão da noite.

– Descuidado! Como pude fazer isto? Ainda por cima, levaram a arma com que costumo me proteger, o dinheiro, meu fiel Ventania... Que vergonha! Jamais pensei que entraria em uma situação destas, eu que sou o rei do cuidado, da precaução, dos detalhes quanto à segurança... Nem sei como contarei aos amigos! Se contar... Que vergonha!

Tropeçando, caindo e levantando, persistindo entre gemidos e dores, finalmente vislumbrou, com jubiloso alívio, as tão esperadas luzes da hospedaria. Sustentando a ferida cabeça com as mãos trêmulas, transpôs a soleira da porta entreaberta, deixando-se cair sobre um dos bancos.

Acostumados aos desmandos da estrada, os proprietários não se admiraram de seu estado, apressando-se em providenciar água quente, panos, ataduras e unguento. A mulher bondosamente o socorreu, envolvendo-lhe a cabeça com macios panos embebidos em líquido de pronunciado odor, enquanto lamentava o ocorrido, entre relatos de fatos semelhantes:

– Os bandidos atacam os viajantes com frequência, meu senhor... E as autoridades nada fazem! O jeito é nos conformarmos e termos muito cuidado... Melhor viajar em grupo... Sozinho, nem pensar!

Depois trouxe fumegante caldo, de delicioso aroma. Vendo a fraqueza do moço, alimentou-o ela mesma, às colheradas, lentamente. Aliviado, Josué agradeceu-lhe a atenção e os cuidados, permanecendo sentado à mesa enquanto lhe preparavam o quarto. Ansiava pela hora em que se ajeitaria no leito e poderia dormir tranquilamente, recuperando-se do horrível dia!

Sentindo-se melhor, volveu a atenção para os que se achavam na sala. Após o natural movimento ocasionado por sua entrada, haviam retornado às iniciais disposições, incentivados, sobretudo, pela discrição do viajante, que sucintamente mencionara o acontecido, sem maiores detalhes ou comentários.

A um canto, singular grupo despertou-lhe o interesse, pois rodeavam um Homem cuja impressionante figura sobressaía entre as demais. Vestia-se como os da terra, mas o porte, de natural elegância e distinção, denunciava sua incontestável nobreza. Observador contumaz, até pelas exigências da profissão, Josué percebeu que o Homem possuía algo diferente... Belo, sem dúvida, mas de uma beleza especial, que excedia os limites do corpo, irradiando, como se refulgisse na sala iluminada por candeias, ofuscando-lhes a luz... Ligeiramente reclinado no banco, as costas apoiadas à parede, conversava com os companheiros e eles ouviam-no com incomum deferência. Mais! Notou que o tratavam com respeito e amor, apressando-se em servi-lo, com a solicitude dos afetos sinceros e desinteressados.

Agora, a cabeça doía horrivelmente; os olhos latejavam e pequenos pontos escuros explodiam, embaraçando-lhe a visão! O estômago rejeitava o alimento recém-recebido... Controlou-se para não vomitar! Perturbado e aflito, sentiu-se desfalecer!

O organismo, debilitado pela perda de sangue e pelos esforços em chegar à estalagem, registrava finalmente as consequências da brutal agressão. A dor aumentava sempre e sentia como se raios de luz avermelhada atingissem os globos oculares, acompanhados de abrasante calor. Inutilmente tentou visualizar os hospedeiros, ainda ocupados na arrumação do quarto. Desejava deitar-se imediatamente! Qualquer lugar serviria! Superestimara as forças!

Arquejante de dor, deixou-se ficar no banco, imóvel, sentindo-se morrer...

Estava morrendo!

Foi quando o Homem se aproximou. Sorrindo confortadoramente, fitou-o nos olhos, tocando-lhe de leve a fronte, as ataduras manchadas pelo sangue que voltara a fluir, generosamente gotejando nas roupas, na mesa...

Suas mãos suaves transmitiam o frescor das águas que deslizavam nos bosques... Em meio ao sofrimento atroz, sensação idêntica à de mergulhar em cristalinas e puras águas... Um bem-estar infinito invadiu-o e a dor lancinante deixou de atormentá-lo, súbita e milagrosamente banida para bem longe...

Os olhos compadecidos do Estranho continuavam a fitá-lo, compartilhando de seu padecer, entendendo sua aflição, enquanto as mãos retiravam as empapadas ataduras, expondo a profunda e sanguinolenta ferida. Os dedos comprimiram-na suavemente... Simples segundos que lhe pareceram séculos, repletos de indescritível emoção e infinita tranquilidade... Quis sorrir, agradecer, erguer uma das mãos, segurar-lhe o braço, à semelhança de criança a agradecer fraterno toque... Lentamente seus olhos se fecharam e doce sonolência o embalou... Tudo lhe parecia distante, nebuloso...

Os assustados donos da estalagem chegavam e os companheiros do Homem auxiliaram-nos a carregar o hóspede para o quarto, onde o depuseram sobre o leito, protegendo-lhe o corpo, molhado por abundante e álgido suor, com cobertas. Antes de mergulhar na inconsciência de profundo sono, Josué lembrou-se de procurá-lo com o olhar, desejando manifestar gratidão... Onde estaria?

Ele ficara na sala, aguardando o retorno dos demais. Então, respeitosamente se despediram dos estalajadeiros, dirigindo-se a ampla construção, misto de celeiro e cocheiras, onde se instalaram sobre as palhas, adormecendo.

O novo dia encontrou o mercador Josué bem disposto como nunca. Durante as matinais abluções, tateou com os dedos a ferida, constatando-a cicatrizada e indolor ao toque. Pequena e funda cicatriz restava, herança do infausto ocorrido. Lembrou-se então do Homem que o socorrera na noite anterior, quando julgara que a vida o abandonaria. À simples recordação, agradáveis sensações tornaram a envolvê-lo... Instintivamente, imputou-lhe a maravilhosa cura, embora tal raciocínio contrariasse a lógica e a razão. No entanto, somente Ele poderia tê-la feito!

Recompensá-lo-ia certamente!

Abandonou apressadamente o quarto, dirigindo-se à sala, onde um surpreso casal o recebeu, pois ambos se preparavam para enviar um mensageiro à aldeia mais próxima, solicitando um médico para o sem dúvida importante hóspede! Sequer haviam espiado no quarto, temendo encontrá-lo morto entre as cobertas, fato que deporia consideravelmente contra o bom nome da casa!

No entanto, como que por milagre, estava em pé, evidentemente saudável, a julgar pelas boas cores do rosto, pela firmeza de seus passos... Intrigada, a mulher solicitou permissão para olhar a ferida, na qual, na véspera, fizera os curativos. O caso parecera-lhe grave, talvez fatal, ensejando comentários à meia voz com o marido, enquanto preparavam o quarto para o distinto senhor, temerosos de uma morte no local, impossibilitados de conseguir atendimento médico àquelas horas e longe da cidade. Era obrigada a reconhecer que se enganara, embora pudesse jurar que o hóspede não passaria daquela noite...

Faminto, o moço devorou o pão e o leite de cabra, servindo-se generosamente de grossas fatias de queijo. A refeição, conquanto simples, nunca lhe parecera tão saborosa! Como era bom estar vivo!

Perguntou-lhes sobre os homens que, na véspera, ali estavam.

– Foram-se ao amanhecer... Não os conhecemos... Chegaram

um pouco antes de vós, comeram, pagaram as despesas, aliás, modestas... Um deles retirou as moedas de surrada e praticamente vazia bolsa.... Dormiram no barracão dos fundos... Gente boa e simples... Somente podiam arcar com a refeição e nos pareceu justo permitir que se acomodassem, evitando o frio relento da noite. Por aqui, senhor, embora os dias sejam um forno, as noites costumam esfriar nesta época! O Homem de olhos claros, e que belos olhos tinha Ele, adiantou-se para nos agradecer, aceitando com prazer o caneco de leite que lhe ofereci, partilhando-o com os demais, enquanto suas mãos acariciavam a cabeça do animal recém-ordenhado, como se também lhe estendesse o agradecimento. Uma pessoa muito educada e gentil!

Haviam partido! Que pena! Esperava com Ele falar, inquiri-lo sobre o inexplicável acontecimento, dar-lhe o endereço da casa, dos armazéns, para que pudesse procurá-lo. Queria recompensá-lo...

Decepcionado, pediu ao casal uma montaria, simples que fosse. Precisava volver ao lar! Pagou pelos serviços, retirando do dedo anel de grande valor, felizmente esquecido pelos ladrões. Ficaram a reverenciá-lo por sua generosidade enquanto se afastava da hospedaria, embalado pelo vagaroso passo de velha mula.

Adentrando a sala da pousada, a inconformada mulher animadamente comentava com o marido:

– Pensei que teríamos um cadáver naquela cama hoje cedo! Quem diria?! Nem parece o mesmo!

Cautelosamente, Josué percorreu o mesmo caminho, receoso de novos confrontos e desagradáveis surpresas, lamentando a impossibilidade de andar mais depressa, despendendo quase dois dias para chegar! Os criados de sua luxuosa casa acolheram-no surpresos, apreensivos com o estado rasgado e sujo de suas roupas e com a não menos estranha montaria. Em poucas palavras, relatou o que acontecera, calando sobre o ferimento e o tal Homem...

– Ainda bem que não vos machucaram, senhor! Não sabeis a sorte que tendes! Geralmente a morte constitui destino certo para as vítimas desses bandidos! Ninguém toma providências contra esses celerados... Enquanto um romano não for morto por um desses, podemos esquecer! Nada se fará, meu senhor! E os tais bandidos são espertos... Jamais cometeriam a estupidez de assaltar um romano! Agora, os da terra, por que não?!

Intimamente concordando com os comentários do servo antigo e fiel, o moço preferiu silenciar a respeito do delicado assunto. Se fosse às autoridades reclamar, teria que relatar o insólito acontecimento... Caso contrário, como provar a seriedade do ataque, se nada em sua aparência denunciava a brutalidade de que fora vítima?

A pequena e praticamente imperceptível cicatriz ficara como única lembrança palpável do ocorrido, incitando a curiosidade sobre o estranho Homem...

Os meses passaram e a rotina encarregou-se de fazê-lo olvidar os intrigantes fatos daquela tarde... Outras viagens ocorreram sem maiores transtornos, os negócios continuavam a prosperar... Jamais vendera tanto! Caravanas e mais caravanas atravessavam longínquas terras, retornando repletas de mercadorias, rapidamente vendidas a excelente preço. Rara sensibilidade para o comércio e inata honestidade asseguravam-lhe importantes e lucrativas transações. Além disso, tudo indicava haver adentrado impressionante maré de sorte, o que o levava a se dedicar cada vez mais aos negócios, em contínua e motivadora azáfama.

Olvidou o Benfeitor da estalagem!

Um dia, atendendo a compromissos de trabalho em sua própria cidade, achou-se perto de praça lindamente arborizada, guarnecida com preciosas esculturas. O Homem ali estava e Josué reconheceu-o de imediato! Os mesmos companheiros cercavam-no, mas agora Ele falava à multidão...

Sustou a montaria, prestando atenção ao incomum discurso. Estranhamente, suas palavras fizeram-no meditar. Pareciam-lhe especialmente dirigidas, conquanto Ele não soubesse de sua presença...

– Não guardeis os vossos tesouros onde as traças e a ferrugem possam corroê-los e os ladrões, roubá-lo...

De que tesouros falava? De seu, aquele Homem nada parecia ter...

– Onde estiverem os vossos tesouros, lá também estará o vosso coração...

Prosseguia, falando de tesouros pertencentes à alma, amealhados através das ações em prol dos semelhantes, insistindo em salientar a caridade como meio de adquirir tal fortuna, que ninguém poderia roubar ou destruir, acompanhando seus donos após a morte, constituindo inalienável laurel do espírito.

Pensativo, Josué retornou ao palacete. Adentrando os pesados portões, viu-se acolhido por respeitosos servos, pela primeira vez reparando em suas feições, pois até ali os considerara parte da estrutura da casa, obscuros, desprovidos de personalidade própria.

Os salões decorados com requinte causaram-lhe o deleite de sempre. Eram magníficos! Cada peça, cada detalhe, tudo fora por ele selecionado, empolgando-o, admirador do belo que era. Tocou os objetos com prazer, sentindo-lhes a textura, as nuances de cor, admirando-os uma vez mais. Percorreu cada aposento da imensa casa com renovada satisfação, quase volúpia... Tudo aquilo lhe pertencia! Conquistara com seu trabalho, seu esforço! Depois, encaminhou-se para os jardins, maravilhando-se com a beleza dos perfumados canteiros, apreciando a nívea perfeição das preciosas estátuas que adornavam as fontes, os jorros de cristalinas águas retidos em bacias de mármore, os primorosos lagos artificiais. Sem dúvida, uma bela casa... A sua casa!

Há muito não dispunha de tempo ou disposição para percorrer a propriedade daquele modo. Trabalhava tanto que mal reservava um intervalo para as refeições e os exercícios religiosamente praticados! Distante do convívio social, restrito às formalidades profissionais, buscava, nos raros momentos de folga, solitário refúgio na vivenda silenciosa e linda, recolhendo-se ao luxuoso aposento de dormir ou à magnífica biblioteca.

Os passos conduziram-no à área designada aos servidores, imensos alojamentos destinados ao abrigo dos inúmeros escravos e das famílias que os infelizes insistiam em formar e manter. Vistos de longe, pareciam-lhe adequados e satisfatórios, recordando-se de havê-los mandado construir a significativa distância do corpo principal da casa, tendo em vista protegê-la de suas presenças importunas. Jamais havia se interessado em chegar sequer perto de tais instalações, limitando-se aos esclarecimentos de seu intendente. Igualmente escravo, o fiel servidor ocupava um dos quartos da espaçosa casa, ao alcance imediato de suas vontades.

Curioso, aproximou-se, esperando neles encontrar o mesmo equilíbrio estético constatado anteriormente. A precariedade do edifício chocou-o, pois ali faltava o mínimo de conforto!

O Estranho veio-lhe à mente e suas palavras martelaram-lhe os ouvidos, como se Ele ali estivesse. Esforçou-se em afastar o sentimento de culpa... Afinal, tratava-se de simples escravos...

Uma pequenina e magra criança inocentemente dele se acercou. Vendo seu estado de desnutrição, um misto de repulsa, piedade e vergonha assenhoreou-se dele. Um velho tratou de arrebanhá-la, com ela sumindo para o interior de um dos cubículos, assustado com a presença daquele estranho bem vestido e de ares senhoris. Josué rodeou a construção feia e triste... Mais pequeninos... Os filhos de seus escravos naturalmente, e todos esquálidos... O mesmo ancião interferiu mais uma vez, tentando afastá-las do nobre senhor, desculpando-se servilmente pela curiosidade das pobres criaturinhas... Com o dedo, o moço rico apontou-as, indagando:

– Quem são?

– Os pais servem na casa e nos arredores da propriedade... Somente eu, acabado e inútil para tais labores, sou deixado aqui e faço o que posso para delas cuidar...

– Ao que parece, não tens feito bom trabalho, pois estão

magras demais!

O velho quis dizer alguma coisa, mas achou melhor calar... Hesitou por instantes e, finalmente, tomando coragem, desabafou:

– O alimento é pouco, senhor! Além de tudo, elas dão muito trabalho para alguém às portas da morte como eu... Muitas adoecem e morrem, sem que ninguém as socorra... O encarregado diz que é assim mesmo, que não fazem falta! Comparou-as aos animaizinhos do campo, que nascem sempre e vivem somente o tempo que as dificuldades lhes permitem... Diz que nosso amo e senhor não faz questão delas, preferindo adquirir escravos adultos e imediatamente aptos para o trabalho!

Olhando o homem que o fitava estranhamente, o velhinho atreveu-se a indagar:

– Por acaso sois algum novo encarregado, senhor? Se me permitis a ousadia, seria possível aumentar um pouquinho a cota de alimentos? Temos fome, senhor!

Josué retornou à bela vivenda, assentando-se à mesa repleta de iguarias. Era hora do almoço... Mal tocou nos alimentos, sentindo-se subitamente nauseado. Chamou o intendente, indagando à queima-roupa:

– Para onde envias o que sobra à mesa?

O amedrontado serviçal, conhecendo o rigor do inflexível amo, julgando haver se enganado em algo, curvou-se, gaguejando:

– Senhor, tenho cumprido vossas ordens! A menos que não as tenha compreendido direito, os servos da casa comem e o restante é destinado aos animaizinhos silvestres que habitam em vossos bosques e que apreciais sobremaneira... Além disso, tenho o zelo de controlar para que pouco sobre, senhor! Os escravos, como me orientastes, estão proibidos de levar sobras para os alojamentos e, se insistem, alguns são muito teimosos, são severamente castigados...

– Eu te recomendei isso?

– Sim, meu senhor! Há muito tempo, desde a morte do senhor

vosso pai! Dissestes que os gastos exorbitavam, sendo necessário restringir as despesas com serviçais ao mínimo. Desde então, tenho controlado tudo com mão firme... Quero continuar a merecer vossa confiança e apreço, nobre senhor!

Notando a mesa praticamente intocada, assustado e servil, indagou:

– Por acaso a refeição não estava ao vosso gosto?

Josué nada disse. Abandonou a mesa, solicitando preparassem uma das montarias e bagagem para alguns dias, pois desejava visitar as propriedades mais próximas. Sem maiores comentários, delegando atribuições ao atarantado administrador, partiu imediatamente, desaparecendo na curva da estrada em uma nuvem de poeira, sob os olhares interrogativos dos servos.

– Parece que o amo viu coisa ruim... Que estará acontecendo?!

Durante a semana, o moço Josué percorreu os vastos e ricos domínios e, embora se esforçasse, não conseguia evitar a lembrança dAquele que o socorrera na estalagem. Que diria Ele em seu lugar?! Pobreza, doença e abandono em meio à riqueza afrontosa dos cultivados campos, dos pastos repletos de animais... Os escravos, tristes e desesperançados, movimentando-se como autômatos... Mais crianças desnutridas... Certamente, algo destoava, conflitando com a beleza das terras férteis e bem cuidadas, os céus de anil, a esmeraldina vegetação...

Uma singular batalha desencadeava-se em seu íntimo: de um lado, a riqueza que tanto amava, pela qual sacrificara os melhores instantes de sua existência; do outro, os ensinamentos do Homem da estalagem, dAquele que lhe salvara a vida.

Sentiu medo! Até então, jamais questionara os tesouros acumulados, a forma como conduzia seu trabalho de mercador, muito menos o rigor com os escravos, a severidade, o descaso com suas vidas... Tudo aquilo, dantes normal, passara a ser motivo de inquietação!

Os administradores estranharam suas atitudes. O autoritário

senhor conversava sozinho!

Realmente! Josué conversava com o Estranho da estalagem, em persistente monólogo:

– Quem sois vós que me tirais o sossego? Maldita hora em que aqueles bandidos me atacaram! Curastes-me, não discuto, mas confundistes meus pensamentos... Afinal, todos assim se comportam! Uma minoria bem pequena, pequena mesmo, não representativa, preocupa-se com o bem-estar dos escravos e de suas famílias, sendo alvo da chacota dos que usufruem de seus direitos legais... Somos donos deles! Se lhes dermos do bom e do melhor, iremos à falência!

De acordo com as palavras do Profeta na pregação da praça, estava em erro, desperdiçando a existência em coisas de somenos importância, olvidando a verdadeira destinação do ser sobre a Terra. Seria realmente daquela forma? Há pouco tempo, quase morrera... Se isso acontecesse, passaria para o outro mundo na qualidade de indigente dos tesouros do espírito? Em uma coisa o Estranho tinha razão: por mais que quisesse, nada poderia levar para seu túmulo... Estaria aquele Homem revelando verdades? Ou seriam mentiras para iludir os mais simples, fazendo-os acreditar em uma vida após a morte sem distinções materiais? Afinal, quem seria Ele?

Decidiu retornar, incumbindo os auxiliares de conseguir informações sobre o Benfeitor da estalagem.

Chamava-se Jesus. Diziam-no Filho de Deus, o Enviado prometido pelas Escrituras. Em nome do Pai, curava corpos e almas. Outros, todavia, diziam-no louco, embusteiro, revolucionário, ameaça ao Império Romano e às autoridades da terra, minando perigosamente a ordem das coisas...

Por fim, qual seria a verdade?

Pensativo, Josué percorria os depósitos abarrotados de riquezas que o tornariam ainda mais abastado e poderoso à medida que fossem negociadas. O ouro entrava em seus cofres com rapidez e facilidade; as mercadorias eram transformadas no áureo metal e este empregado para novas compras, numa sucessão ininterrupta e mágica que o empolgava, verdadeiro vício a prendê-lo, dominando sua alma.

Inesperadamente, sentiu-se só. Não casara, por lhe repugnar dividir as atenções entre o fascinante trabalho e uma mulher. Ela fatalmente cobraria mimos e atenções... Não! Bastar-lhe-iam os envolvimentos fortuitos, facilmente dispensados com ouro e caros presentes. Agora, no entanto, o metal e as preciosas gemas pareciam-lhe frios, inanimados; antes, tocá-los aquecia seu coração, dando-lhe imenso deleite, regozijava-se em possuí-los, em tê-los guardados, trancafiados em seguros cofres, sob rigoroso sigilo.

As palavras do Profeta, doces e contundentes em sua essência, voltavam-lhe à mente:

– "Ali estará o vosso coração..."

Realmente, ali estivera o seu coração até aquele dia! Até o dia em que Ele o tocara, restituindo a vida que fugia de seu pobre corpo ferido... Jamais sentira tal emoção! Seguramente, seu coração já não desejava estar junto ao tesouro amealhado ciosamente durante anos, em trabalho persistente e honesto, oculto em seguros esconderijos, resguardado de ladrões.

A lembrança dos infelizes que ocupavam suas ricas e produtivas herdades obrigou-o a abaixar a cabeça. Que fizera, a não ser utilizá-los, sugando-lhes as energias, matando-os precocemente com excessiva carga de trabalho e precárias condições de sobrevivência! Comprara-os... A lei dos homens permitia tal comércio.... Contudo, teria sobre eles tamanhos direitos, ainda que os privilegiados com poder e dinheiro assim decretassem? Deles ordenara extraíssem o máximo, quase nada oferecendo em contrapartida. Alimentava os que trabalhavam para que rendessem na labuta, mas deixava morrerem seus filhos à mingua! Alegar desconhecimento da realidade dolorosa? Isto não o inocentaria do crime de egoísmo!

O Mestre recebeu-o sem estranheza, como se há muito aguardasse aquela visita. Sorrindo, indagou-lhe da saúde, os olhos na pequena e praticamente invisível cicatriz...

Depois, bondosamente acrescentou:

– Josué, que esperas que te diga? Achas, por acaso, que a queda lesou teu entendimento, prejudicando-te a razão? Pois eu te digo que ela somente feriu a perecível carne, embora possibilitasse o encontro com a verdade... Exacerbou tua sensibilidade, fato comum entre os que veem a morte de perto. Tudo o que agora discernes com assustadora clareza sempre esteve ao teu alcance, no recôndito de tua alma! Nada enxergavas, pois teu coração, no transcorrer da existência, distanciou-se das criaturas, aprisionado junto aos tesouros materiais, aos quais conferias vida, aquecendo-os com tuas energias, com tua ambição. Necessário foi que os ladrões te deixassem ferido e prestes a abandonar o corpo físico para que me reconhecesses.

Rindo, bem-humorado o Mestre completou:

– Caso tivesses chegado àquela hospedaria são e com bela bolsa à cintura, jamais terias permitido que eu de ti me aproximasse!

Diante da envergonhada expressão de Josué, impossibilitado de refutar tamanha verdade, exclamou:

– Leva-me a tua casa, se assim o desejares... Nela ficarei enquanto necessário! Tenho trabalho a fazer em teus domínios! Vamos lá, meu irmão!

E Jesus, naqueles dias, hospedou-se na casa do rico mercador Josué...

Olhar iluminado e sereno, palavras doces e sábias, adentrou a luxuosa casa e também os refúgios onde, silente e aniquiladora, a dor se escondia. Acompanhado pelo moço, percorreu as propriedades, abeirando-se dos humildes e sofredores, levando-lhes a palavra de conforto e, muitas vezes, a cura dos males físicos. Josué, a bem da verdade, não se incomodou em esconder do Mestre a maneira como se portara até então, facultando-lhe livre acesso.

Mostrava sincera intenção de modificar-se, reparando o mal anteriormente cometido. Assim, após a saída do Mestre de cada lugar, ordenava aos intendentes que deitassem abaixo as miseráveis acomodações, substituindo-as por outras simples e decentes, que abrissem os silos, fornecendo o alimento necessário e justo... O trabalho dignificou-se e cada criatura, embora escrava, sentiu-se reconhecida entre os humanos, com direitos e deveres.

Foram dias de azáfama e transformação.

Ao partir, o Mestre lhe falou:

– Josué, reconheço tua honestidade no campo profissional... No entanto, as amarras da ambição e da avareza são terríveis! Agrilhoam a criatura ao solo material, impedindo a vista dos céus... Saibas bem ganhar, nada há de errado nisso, pois que o trabalho honesto, gerador de riqueza material, constitui preciosa conquista, fator de progresso do homem, desde que seus resultados não sejam avaramente confinados, e sim direcionados ao progresso de muitos, preciosa fonte de recursos para a prática do bem.

Sempre cordato, compreendendo as dificuldades que Josué enfrentaria no exercício do desapego dos bens terrenos, ajuntou:

– Devagar conseguirás alcançar o equilíbrio... Não exijas demasiado de ti ou dos outros...

Novamente salientou que ninguém levaria nada dos tesouros terrenos quando partisse para o Mundo Espiritual, mas poderia utilizá-los, durante a existência, na conquista de outros muito mais importantes e perenes, os tesouros da alma. Para tanto, imprescindível combater o egoísmo! Lembrou-lhe que a caridade estava acima de todas as virtudes, condição indispensável à felicidade.

Notando Josué pensativo, indagou:

– Que estás a remoer, meu amigo?

– Mestre, e quem nada tem, nada possui de seu, como poderá praticar a caridade?

– A caridade independe dos bens materiais, Josué. Em teu caso, és rico, nasceste com o dom de negociar, onde colocas as mãos aparecem os lucros.... Não é assim? Outros, no entanto, por mais que labutem, jamais obterão idênticos resultados. Isso porque as criaturas reencarnam com projetos existenciais direcionados às suas necessidades evolutivas... Além disso, nem sempre se esforçam para tanto, preferindo descansar... Muitas das dificuldades decorrem da indolência... Ora, todas as explicações que dermos certamente nos conduzirão ao início, que tem tudo a ver com a evolução da criatura! Por outro lado, embora, na visão limitada dos humanos, a riqueza seja ansiosamente almejada, ela pode constituir pesada prova para o egoísta ou para aquele que a esbanjar... Do mesmo modo, pobreza não significa necessariamente desapego... Há pobres mais avarentos e apegados a bens materiais do que podes imaginar!

Rindo, o riso bom e amigo na clara manhã, abraçou-o afetuosamente, complementando:

– Agora, Josué, teu coração almeja os tesouros da alma! Queres seguir-me! Eu, bem o sabes, sempre estarei com os que choram, com os aflitos e desamparados, com os desnudos e famintos. Sê comigo! Darás de beber a quem tem sede, de comer a quem tem fome, vestirás os desnudos, consolarás os tristes e, a cada um que auxiliares, a mim estarás atendendo e amando... Continuarás com teu trabalho profissional, pois ele, repito-o, representa progresso para ti e os que te cercam, mas não ficarás preso ao dinheiro, não serás dele escravo... Saberás transformá-lo em abençoados meios de alcançares meritórios fins. Jamais te faltará o metal, produto de teu consciencioso labor...

O Mestre prosseguiu:

– Hoje, tuas propriedades representam santificados refúgios, propiciando ensejo de renovação e crescimento... Contudo, não te restrinjas aos tímidos limites delas... Vai além, estendendo a outros as benesses de teu amor! Breve receberás notícia de que me fui, porém a Boa Nova estará nas mãos de muitos que, como tu, prosseguirão, espalhando-a pelo planeta.

Naquela manhã, Jesus retornou ao convívio de seus discípulos, deixando para trás um perplexo comerciante, extremamente assustado com a responsabilidade a ele conferida. Não esperava por aquilo! Julgara suficiente sanear o que lhe pertencia... E agora essa novidade! Saberia comportar-se à altura do Divino Emissário? Tão rapidamente adquirira alguns conhecimentos... Seriam suficientes?

Então, como que um raio, tudo se esclareceu! Ao mencionar a noite na estalagem, Jesus assim colocara:

–"Necessário foi que os ladrões te deixassem ferido e prestes a abandonar o corpo físico para que me reconhecesses."

Reconhecer!

O Mestre usara aquela palavra, querendo dizer que já o conhecia! Claro, somente assim poderia entender o que o encontro provocara em sua existência... Muitos haviam sido curados por Jesus e nem por isso passavam a questionar seu modo de vida! Em seu caso, ao contrário, Jesus despertara sentimentos e emoções esquecidos, ele passara a enxergar as pessoas à sua volta conforme o Rabi ensinava... Sentira-se omisso, falho!

Quantos não estariam em semelhantes condições, adormecidos para as reais destinações do ser, anestesiados!

Tesouros, tesouros... Cada um elegia para os altares da insensatez os numes que lhe pareciam adequados, convenientes, e a escolha acabaria por precipitá-los em abismos de estagnação! Ouro, pedras preciosas, terras, palácios, cargos políticos, beleza, juventude, sensualidade! E quantos mais, de acordo com a preferência de cada um... E o coração preso, atado a tais ilusões...

Quantos não deixariam a veste carnal acreditando estarem certos, ansiando ainda pelos tesouros do mundo, para se lançarem em uma viagem sem a imprescindível bagagem espiritual, a única propiciadora de paz!

Julgara que, ao acertar as coisas em suas propriedades, tudo estaria resolvido... Iludira-se, acreditando bastar distribuir os tesouros de seus cofres, resolvendo os problemas de muitos... Isto solucionaria momentaneamente as dificuldades de ordem material, contudo as pessoas continuariam as mesmas por dentro, certamente retornariam a seus problemas, ou os substituiriam por outros...

E quem era ele para resolver alheios problemas?! Mais uma ilusão! Afinal, se o ouro fosse panaceia universal, todos os ricos seriam felizes, sem problemas... Precisava difundir a doutrina do Mestre juntamente com o imediato auxílio material! Somente assim as pessoas poderiam olhar para dentro de si mesmas, como ele mesmo fizera, dando início ao imprescindível processo de mudança, sem o qual ficariam à mercê das intempéries, sempre procurando uma bengala para se apoiarem, sem jamais crescerem.

Josué não sabia por onde começar...

Em suas propriedades, tudo parecia correr muito bem, as doenças haviam diminuído, a produtividade aumentado... Resolveu levar o Evangelho do Mestre, dando continuidade ao iniciado por Jesus. Durante dias atormentou-se, julgando não ter condições para tanto, mas se surpreendeu, pois as palavras vinham naturalmente...

Analisando melhor sua existência, o moço chegou a surpreendentes conclusões. Uma delas dizia respeito ao casamento, do qual sempre fugira com empenho. Descobriu que sempre relutara em assumir compromissos que exigissem repartir, fosse o dinheiro ou os tesouros afetivos... Até nisso era avarento! Vivia isolado por egoísmo e apego às riquezas... Receava relacionamentos, pois antevia interesse por sua riqueza... Impossível não ser assim em uma sociedade onde os olhos das moças casadouras e de seus pais brilhavam à simples menção de um rico nome!

Para seu desespero, começou a desejar a presença de alguém em sua vida... Esposa, filhos... Procurou entre as melhores famílias, inconscientemente de olho em bens idênticos aos seus... Pobre Josué! As pessoas precisam de tempo para as mudanças...

Desapontou-se vezes sem conta, pois as escolhidas eram ricas mas fúteis... Perguntava-se:

– Jesus aprovaria essa escolha?

As respostas supostamente negativas sucediam-se, as dúvidas aumentavam, e o desanimado moço começou a julgar que morreria só...

Certa manhã, Josué chamou o fiel intendente, dizendo-lhe:

– Faze-me um favor, Abdias! Procura entre os servos alguém que tenha corpo parecido com o meu e separa algumas vestes, pois delas preciso... Podes dar-lhe alguma roupa minha, se quiseres, ou manda fazer outras... Mas é para agora, já!

Uma hora depois Josué abandonava o palacete, envergando as roupas simples, carregando modesto alforje e poucos pertences pessoais. Em um dos bolsos, escondera pequena e bem fornecida bolsa, pois não pretendia passar dificuldades. Ia em busca daquela que seria a mulher de seus sonhos, acreditando encontrá-la longe dos faustos dos salões.

Vista de perto e palmilhada com rústicas sandálias, a cidade era bem diferente daquela que enxergara do interior de luxuosa liteira ou de cima de imponente animal. Perambulou pela região do mercado, pelas ruelas desprovidas de riquezas, pelas praças pobres e abandonadas dos subúrbios...

Exausto, à noitinha resolveu adentrar concorrida taberna, observando com disfarçada repulsa o interior sujo e escuro, a turba embriagada, o vozerio ensurdecedor. Uma jovem dele se acercou, oferecendo alimento e vinho, que ele com relutância aceitou, devido à evidente ausência de asseio em seus trajes e mãos. Que fazer? Estava faminto!

Que diferença entre os barulhentos frequentadores daquele lugar e o Mestre e seus discípulos! Interessante... Naquela noite na hospedaria, logo ao entrar, estava preparado para o bulício comum a tais lugares; no entanto, tudo estava calmo, as pessoas falavam baixo... Talvez fosse a presença de Jesus... No pouco tempo em que com Ele convivera, pudera constatar o salutar efeito que o Messias exercia sobre as pessoas, os animais, a natureza. Diziam que asserenava ventos, comandava tempestades...

Josué solicitou um quarto, deitando-se nos panos encardidos com nojo, mentalmente se repreendendo por aquilo que considerava agora uma tola aventura, indeciso quanto à sua validade. Adormeceu imediatamente, amanhecendo com renovado ânimo no dia seguinte. Nada mal!

Dias e dias o moço vagou pelas aldeias, surpreendendo-se com as pessoas. Esperava encontrar entre os destituídos de fortuna maior humildade, menos apego aos bens materiais. Engano seu! Jesus tecera breve comentário a respeito disso... Conquanto os tesouros fossem parcos, o apego continuava enorme, donde se depreendia que um pobre poderia ser até mais apegado aos bens do que um rico...

Acostumado a ser requisitado pelas moças, logo descobriu que as roupas simples e a aparente pobreza constituíam a melhor garantia de ser ignorado! Tentou conversar, mas deparou com narizes empinados, olhares depreciativos. Na estrada, rindo, o moço monologava:

– Josué, meu amigo, que lição! Sem ouro, não és tão atraente... Vamos adiante! Quem sabe encontrarás tua eleita na próxima vila...

Quinze dias depois, Josué volvia ao lar, decepcionado com os resultados, aventando seriamente a suspeita de que todas as mulheres seriam interesseiras. A estrada estendia-se ao sol, os alimentos haviam acabado, a água estava morna e com gosto desagradável... Olhou com desagrado as roupas pouco asseadas, os pés onde a poeira desenhara escura pátina. Tocou com desgosto a hirsuta barba, dantes sedosa e bem aparada. Não via a hora de chegar em casa!

Um ruído de rodas despertou-lhe a atenção, fazendo com que estacasse à beira do caminho, dando livre passagem ao veículo que célere se aproximava.

A poucos metros dele, um dos eixos partiu, as rodas traseiras soltaram-se e a fogosa parelha arrastou o desgovernado carro, não obstante as tentativas do condutor. Em rápido relance, o olhar de Josué abarcou a estrada, deparando com íngreme e pedregoso despenhadeiro logo adiante, possível destino dos assustados animais. Quase que instintivamente, o moço lançou-se-lhes à frente, agarrando-se às esvoaçantes crinas do belo corcel negro, que em muito se parecia com o seu Ventania, lastimável perda no encontro com os bandidos meses atrás, logrando cavalgá-lo.

Para sua imensa surpresa, o animal reagiu favoravelmente ao seu comando, obedecendo e acalmando-se de imediato, sustando o passo, freando a corrida do outro. O veículo estacou à beira do perigoso abismo, para enorme alívio de todos, principalmente das mulheres em seu interior. O apavorado servo, que há muito havia sido lançado do veículo, tudo observava do chão.

Ventania! Era Ventania, a sua montaria predileta! Não havia outro igual a ele... Apeando, Josué acarinhou a cabeça de escuro veludo, murmurando as palavras com que costumava dirigir-se ao animal, recebendo, pelos felizes relinchos e sinuosos meneios, a comprovação de que se tratava dele mesmo...

Gritos vinham do carro. A porta havia emperrado e o atarantado auriga, provavelmente temendo a atitude das amas diante de sua pretensa e covarde deserção, permanecera estático. Josué precipitou-se, liberando a saída, e duas figuras assustadíssimas encararam-no: uma delas, jovem senhora de belos cabelos fulvos e enormes olhos esverdeados, observou-o com desprezo, apoiando-se em sua forte mão com a arrogância dos orgulhosos; a outra, contudo, aceitou-lhe o auxílio com grato olhar.

Josué perdeu o fôlego. Que moça linda! Muito jovem, cerca de quinze ou dezesseis anos, parecia-se muito com a mãe, tendo herdado os mesmos cabelos, a alva cútis, os verdes olhos... Ali terminavam as semelhanças! Havia em toda ela um quê de doçura, de gentileza...

Os olhos de ambos se encontraram e Josué perdeu o coração. Esqueceu de imediato a história de as mulheres serem todas interesseiras, a pretensão de encontrar à força alguém pobre e desapegada dos bens terrenos...

Então, a senhora bradava pelo servo:

– Xistos! Infeliz, inútil! Tu me pagas! Deixaste-nos para morrer! Não fosse esse moço, estaríamos no fundo do penhasco! Serás chicoteado até a morte, infeliz!

Voltando-se para Josué, ordenou:

– Que fazes aí parado, como uma estátua? Trata de consertar o carro!

E para o escravo:

– Estafermo! Ajuda-o! Anda, anda!

A mocinha a tudo assistia, encabulada com a inútil fúria materna e com o seu evidente descaso pelo rapaz que arriscara sua vida para salvá-las.

– Filha, estou faminta! Vejamos se conseguimos salvar pelo menos o farnel nessa desgraça...

Em minutos, a mocinha preparava, à sombra de algumas árvores, o local para a refeição, dispondo os bolos um tanto esfarelados, as frutas, as carnes, os amarfanhados pães... O estômago vazio de Josué escolheu justo aquela hora para roncar ruidosamente, para sua imensa vergonha. Com cúmplice olhar, a jovem passou-lhe a sacola, onde muito restara, recomendando:

– Come! Temos muito...

Meia hora depois, a nervosa senhora adormecia entre as almofadas carinhosamente dispostas pela jovem sobre a relva. Suspirando, Josué abandonou o pesado serviço, comentando com o escravo:

– Isso é trabalho para o resto do dia! Teremos que amarrar muito bem o eixo partido, reparar as rodas e, finalmente, colocar tudo no lugar. E terás que viajar bem devagar, quase parando, senão...

– Nem me fale! A senhora Cloé, meu amigo, pode ser considerada peçonhenta cobra! Mais um erro, um errinho só, e estou frito! Nem sei como vou livrar-me de ter caído na estrada... Quando chegarmos, ela vai derramar lágrimas e mais lágrimas na frente do senhor... Ai! Ai! Só a menina Alcione para me salvar desta encrenca... Quem sabe, com jeitinho, ela convence a senhora a deixar de lado o que aconteceu... Se a história chegar até o amo, estou perdido, pois ele adora essa mulher!

– Enquanto isso não acontece, vamos comer, pois estou morto de fome! Antes que tua ama acorde...

Anoitecia quando os reparos terminaram. O mais difícil fora aturar as reclamações da mãe de Alcione!

Com a noite, um vento frio surgira, fazendo-os tiritar de frio. Josué em vão procurou no interior do luxuoso carro por cobertas, somente encontrando finos e sedosos panos. Restava-lhe somente tirar de seu alforje o manto de lã um tanto enxovalhado pelo uso nos dias de viagem, cedendo-o às duas mulheres, enquanto ele e Xistos se acomodavam junto ao veículo, tiritando, lamentando a ventania que apagara vezes inúmeras a malograda fogueira.

Por volta da meia-noite, finalmente puderam acender o almejado fogo, aquecendo-se. O indignado servo sussurrava:

– Não te disse?! Uma cobra! Não te enganes com sua aparência linda e sedutora... Ela não tem coração! Reclamou da sujeira de teu manto! Deverias ter ficado com ele e não teríamos passado tanto frio! Achas que eu ficaria no carro prestes a cair no despenhadeiro, morrendo por ela e com ela?! Nem pensar, amigo! Nem pensar! Se os solavancos não tivessem me lançado fora, eu pularia, podes acreditar!

– Deixa disso, meu irmão... Não sabes que cada um somente dá aquilo que tem para dar? Nossa irmã ainda não percebeu que ela não é o centro do mundo, que não pode tudo controlar, que seu orgulho decorre de falsas ilusões... E tu, meu amigo, duvido que terias abandonado as duas por tua vontade...

Xistos silenciou. Josué reparou que se tratava de um homem de seus trinta anos, alto e forte, de bela aparência, com olhos de acinzentado azul, toldados por inquietante tristeza, mal disfarçada por sua conversa fácil.

– Vais tentar me enganar, dizendo que não estás aborrecido?! Ela nem te olha! E salvaste a vida dela! Contudo, és pobre, sem eira nem beira, sujinho...

Intimamente, Josué viu-se forçado a concordar com a análise do servo. Se ele soubesse quantas eram suas riquezas...

– Tratemos de dormir, meu caro, pois amanhã teremos um longo trecho a percorrer... E nas piores condições!

Logo cedo, as coisas não ficaram muito bem, pois a geniosa senhora descobriu que seu precioso farnel havia sido compartilhado com os menos favorecidos, no caso, o servo e Josué. Alcione, para sua surpresa, deixou de lado a natural paciência filial, atalhando:

– Senhora minha mãe, eles precisavam alimentar-se para consertar o carro! Senão desmaiariam de fome... E quem faria o serviço? Nós?! Logo estaremos em casa e poderemos comer à vontade...

Diante da inquestionável lógica das calmas palavras da mocinha, a mulher silenciou, amuada com aquilo que considerava uma traição de sua filha. Conciliatória, Alcione, reparando que o encabulado Josué segurava alguma coisa nas mãos, aguardando a ocasião certa para ofertá-la às duas, animada exclamou:

– Ah! Que temos aqui?! Pronto, vamos comer!

Recebendo alguns frutos silvestres e favos de mel, recém-colhidos em bosque próximo, a mocinha repartiu entre os quatro de maneira equitativa, ignorando os furiosos olhares maternos.

Finalmente partiram.

Josué, com o auxílio do serviçal, liberara o cavalo Ventania da condução do carro, de maneira a diminuir sua velocidade. Xistos caminhava ao lado do veículo, controlando o passo do animal restante, fazendo moucos ouvidos aos resmungos e xingamentos da senhora Cloé. O dia arrastou-se lentamente e, para alívio de todos, sob a luz das estrelas e de enorme lua, finalmente chegaram ao destino, sendo recebidos à porta da bela vivenda por alarmado senhor, certamente o esposo da linda e geniosa criatura.

Escutando as nervosas e atabalhoadas explicações da consorte, o homenzinho bem nutrido e envolto em ricas vestes com tudo concordava, esperando o momento certo de desviar o rumo da conversa, em que o pobre Xistos já estava sentenciado por Cloé, como bem previra e temera, a bom banho em fervente azeite...

– Sim, minha querida, sim! Tomaremos providências! Sim... És preciosa demais para aturares tal desaforo... Sim...

Alcione, sem que a mãe percebesse, trocando cúmplice olhar com o pai, fazia sinais ao pobre escravo para que se fosse, saindo das vistas da colérica mulher. Josué acompanhou-o, aliviado em afastar-se da constrangedora situação, puxando pela rédea Ventania.

Então, Caio Mário descobrira a deixa perfeita:

– Amor de minha vida, deves estar faminta... Deixemos de lado esse assunto desagradabilíssimo... Eu resolverei tudo a contento! Vamos... Um banho em água perfumada e com relaxantes ervas, uma roupa limpa e macia, uma ceia saborosa...

Entre a criadagem da casa, o moço acompanhava a narrativa do companheiro de viagem, rindo das colocações hilariantes em que ele imitava a senhora com rara fidelidade. No entanto, algo destoava na alegria de Xistos, expressando-se nos sérios olhos... Josué considerou mentalmente a possibilidade de o servo temer castigos por imposição de Cloé... Mais tarde, no alojamento, entre quentes cobertas, o estômago satisfeito, Josué adormeceu pensando em Alcione e na maneira como a conquistaria. Aos olhos da mocinha, era um pobre coitado, sem eira nem beira... Mas, e se ela não se interessasse, justamente por toda aquela pretensa pobreza?! Perderia o seu amor?!

O dia seguinte amanheceu entre esplendores de forte sol e perfumes primaveris das flores que adornavam os belos jardins. Após o farto desjejum, o moço caminhou entre as encantadoras aleias, perdido em seus pensamentos, totalmente absorvido pela imagem linda e gentil de Alcione. Um servo tirou-o dos devaneios, dizendo que estava sendo guardado pelo amo, ao tempo em que sussurrava:

– Aproveita que a senhora dorme, pois ela atrapalha tudo de bom que o amo deseja fazer... É terrível, terrível! Vive de mal com o mundo! Vai, vai... O senhor Caio Mário está na varanda... Siga por ali e lá chegarás... A menina Alcione está com ele...

Trilhando o caminho indicado, Josué debatia-se em dúvidas, questionando se deveria contar a verdade sobre sua origem ou calar, deixando as coisas seguirem natural curso.

– Meu pai, sem esse moço estaríamos mortas! Ele arriscou sua vida!

– Como poderei recompensar-te, meu jovem?

Josué pensou em Ventania... Desejava tanto tê-lo de volta...

A lembrança de Jesus pairou forte na clara e perfumosa manhã... Fazer o bem sem esperar retorno, a recompensa dos céus...

– Senhor, nada fiz além de meu dever...

Caio Mário olhou melhor para aquele jovem trajado com roupas humildes. Poderia pedir qualquer coisa... No entanto, de maneira educada, rejeitava pagamento...

– Vejo que és um homem digno! Mas um serviço, um bom e digno serviço, podes aceitar! Que sabes fazer?

De maneira relutante, Josué relacionou poucas habilidades. Ainda assim, Caio Mário entusiasmou-se:

– E onde aprendeste leitura e escrita?

Josué inventou enrolada história, com a qual o pai da bela Alcione se contentou, promovendo-o a auxiliar de seu intendente, com uma remuneração deveras satisfatória para o cargo.

Uma fase repleta de emoções iniciava-se naquele instante. Conviver com Alcione, ainda que a distância, constituía verdadeiro sonho!

Envergando os trajes que sua nova função requeria, barba e cabelos aparados, o novo Josué em muito se assemelhava ao rico mercador Josué, deixando para trás a aparência desleixada, a poeira das estradas...

Com o passar dos dias, os jovens enamoravam-se perdidamente. Quanto mais Alcione conversava com Josué, mais se encantava com seus ponderados modos, com sua visão existencial bem diferente da romana, essencialmente materialista, agrilhoada a convenções e preconceitos. Por seu lado, o disfarçado mercador jamais encontrara alguém como a jovem: linda, educada, de sentimentos nobres, a mulher perfeita de cuja existência duvidara...

Certa manhã, Josué encheu-se de coragem e apresentou Jesus à encantada jovenzinha, tendo o cuidado de imputar os fatos ocorridos a outra pessoa. Ela aceitou o Mestre como se já o conhecesse...

Caio Mário, contrariando suas habituais disposições em relação a serviçais seus, afeiçoou-se àquele rapaz de finas maneiras e brilhante inteligência. Ao contrário dele, a orgulhosa Cloé ignorava Josué de maneira acintosa, talvez intuindo o sentimento que poderia surgir entre sua preciosa e única filha e o jovem plebeu.

Um mês depois, Josué resolveu declarar-se a Alcione, guardando o segredo de sua origem, embora temesse possível rejeição. Assim, de maneira radical, testaria o desapego de Alcione aos bens terrenos!

Pobre Josué! Ainda não aprendera que cada pessoa tem o próprio ritmo evolutivo... O fato de a moça poder recear uma vida de pobreza a seu lado em nada invalidava seus bons sentimentos e muito menos seu amor por ele. Além do mais, segundo as tradições da época, na qualidade de filha mulher, fora educada para obedecer ao comando paterno...

A noite descia lentamente, lançando sombras sobre a vivenda de Caio Mário e o aflito coração do moço Josué, que percorria os caminhos dos jardins mergulhado em profundos e tristes pensamentos, antecipando a perda da mulher amada.

Tão preocupado estava que ignorou a luminosa presença andando em sua direção:

– Josué!

– Mestre, Mestre! Estarei sonhando?!

– Não, meu amigo. Vim falar-te a respeito de Alcione, tua amada. Josué, Josué... Que estás fazendo?

Diante do olhar envergonhado do moço, sorriu, continuando:

– Não te contristes com meu falar... Estás incorrendo em um erro muito comum entre os que recebem a Boa Nova e se dispõem a segui-la com o ardor de seus corações recém-conquistados: querer que todos se enquadrem a suas convicções, afastando os que ousem pensar de maneira diversa...

– Mas, Mestre, eu não fiz isso...

– Será, meu bom amigo, será? Reflete! Essa saída em busca da pessoa ideal constitui o exemplo mais claro de tuas pretensões perfeccionistas!

– Mas, se eu não tivesse realizado tal viagem, não teria conhecido Alcione!

– Não mesmo?! Josué, Josué! E se te dissesse que ela passaria por teu comércio e a conhecerias? Como estavas na estrada, em desabalada procura, tivemos que providenciar a quebra do carro, rcsultando no cncontro dos dois ali mcsmo, para quc não sc perdesse valiosa oportunidade...

– Então, estávamos fadados a amar-nos...

– Sim, e a unir-vos em matrimônio, a terem muitos filhos, a partilharem e divulgarem a Boa Nova... Importante compromisso de projeto reencarnatório...

O moço fitou os claros olhos de Jesus, aguardando o restante da conversa, antevendo a sutil reprimenda:

– Josué, se continuares com essa história de testar o desapego de Alcione com tua falsa pobreza, perdê-la-ás! Consegues perceber que estás sendo controlador, manipulando para superares a insegurança que é tua e não dela? No fundo de teu coração, receias não superar o passado de apego. Não te perdoaste por isso, considerando haveres deixado para trás o combinado no ambiente espiritual... Será que teu orgulho não está a falar mais alto? Para, reflete! Não te coloques em posição de professor, e sim de aprendiz, sujeito a erros, falível, mas repleto de desejo de aprender, de aceitar as pessoas, de compartilhar. Quando nos apequenamos, aceitando nossas naturais limitações, desfazemos amarras, permitindo-nos a evolução passo a passo, segura, pacificada... Tu e Alcione crescerão juntos na vinha do Senhor!

A imagem incendiada de luz desfez-se na noite, diante dos olhos em lágrimas de Josué. Como fora imaturo! O Mestre, em toda a sua magnífica grandeza, descera até ele para aconselhá-lo, atalhando a perpetração de maiores tolices, compreendendo e aceitando suas dificuldades, apostando nele como ser humano perfectível.

A conversa não foi nada fácil. Para seu desespero, Cloé adentrara a sala onde Caio Mário o escutava de queixo caído, sem saber o que pensar ou falar.

– És rico?! Rico mesmo?!

Diante do relato das posses de Josué, em muito superiores às de Caio Mário, a mulher desabou sobre uma cadeira, exclamando:

– Fizeste-nos de bobos!

Ali se iniciava a parte mais difícil: contar que dera sequência ao embuste por amor a Alcione!

Durante dias, Cloé evitou a presença de Josué, calculando os prós e os contras; depois, como o peso do dinheiro fosse muito elevado, acedeu aos conciliatórios rogos do esposo, principalmente quando este lhe disse:

– Cloé, minha flor, pensa bem... Vivemos com luxo, é bem verdade, mas não passo de um funcionariozinho do Império... Não tenho família rica e nobre, nem títulos... Trabalho muito, isso sim! Mas quem garante que amanhã um doido de cargo maior não me expulse de meu posto para colocar outro de sua preferência? Tu, minha preciosidade, não tens muito mais do que eu... E ele, embora judeu, parece riquíssimo... E Alcione está apaixonada...

Diante do desagrado da esposa, comprometeu-se:

– Que achas se eu mandar alguém de confiança investigá-lo? Veremos se não está a nos enganar!

Dias depois, diante de pormenorizado relatório escrito, a senhora concordava:

– Realmente, Caio Mário, meu esposo, tens razão. Trata-se de muito dinheiro! Caravanas de comércio... Propriedades... Excelente nome entre os romanos.... Olha aqui quem o convida para sua casa! Olha! Nós jamais fomos convidados, embora eu tenha tentado de todas as maneiras.... Que injustiça!

– Agora seremos chamados às festas, minha linda, frequentaremos o melhor meio... Desde que concordes com o casamento...

Alcione e Josué uniram-se em matrimônio.

Com o decorrer dos anos, as considerações do Mestre naquela noite nos jardins mostraram-se mais do que corretas. Os esposos cresceram juntos no amor do Cristo, espalhando sua doutrina aos quatro cantos. A bem da verdade, a única pedrinha no sapato do moço judeu era Cloé, que jamais admitiu o jugo de Jesus, envelhecendo escudada pelo orgulho e preconceito, o que não impediu de ser muito amada por todos, de maneira incondicional. Em avançada idade, Cloé continuava a merecer destaque nas narrativas dos serviçais, principalmente do antigo condutor de carros, Xistos, que contava:

– A senhora Cloé tratou nosso amo Josué como se fosse um monte de estrume de cavalos1 Sim! Arrebitou o nariz e balançou os guizos! E ele entrou na frente dos animais... Senão ela teria acabado no fundo do despenhadeiro... Sorte que o corcel negro havia sido roubado dele pelos ciganos de quem o amo Caio o comprou... Na época, bem achei que era roubado, por sua beleza e bom trato... O amo Josué falou com o Ventania e ele acalmou na horinha mesmo... O resto todos sabem... Mas a senhora Cloé nem agradeceu... Mais tarde descobriu que ele era riquíssimo! Bem feito! Mas continua igualzinha... Não sei como o amo Caio ama essa mulher! No meu lugar, já tinha esganado a danada... E o amo Josué?! Trouxe todo mundo para esta casa quando o senhor Caio teve que sair de onde morava... A casa não era dele não! Estava ali por conta de seu cargo... De seu mesmo, tinha muito pouco... E nunca foi de roubar, como os outros, que se aproveitam do cargo e quando saem estão ricos!

A história repetia-se a cada entrada de novo serviçal... Xistos adorava expor os defeitos de Cloé! No entanto, quando ela faleceu, ficou dias e dias pelos cantos, entristecido, calado... Depois, tomou ânimo e continuou a relatar as proezas de Cloé, como se ela não houvesse partido.

Anos após, Xistos desencarnava durante a noite, na solidão de seu quarto de solteiro, sem filhos, sem família. Ninguém jamais entendera por que não se casara, pois muitas haviam se encantado com sua bela figura, com seu modo falante. Entre os poucos pertences, Josué encontrou pequeno e artístico medalhão de ouro, com primorosa miniatura de Cloé, emoldurada por fina trança de fulvos cabelos. O moço silenciou, entendendo que um presente de tal monta só poderia ter sido ofertado ao humilde escravo pela própria mãe de Alcione... Juntou alguns fatos, pesquisou discretamente a origem da esposa de Caio Mário, do servo Xistos... Descobriu que ambos haviam se conhecido quando muito jovens, ela moça plebeia de grande formosura e ele escravo de Caio Mário. O primeiro encontro ocorrera no mercado, onde a mocinha Cloé auxiliava a mãe em uma barraca de peixes, e o belo Xistos fazia as compras para seu amo... Os olhares de Caio Mário distinguiram aquela beleza toda e Cloé rendeu-se ao apelo da riqueza, conseguindo unir-se ao apaixonado romano, enterrando no fundo do coração o sentimento por Xistos, seu amor de juventude. Teria sido feliz? Quem sabe...

Depoimento

Em determinados estágios da criatura, o apego aos bens materiais ocasiona verdadeira cegueira, a ponto de considerarmos, por nos julgarmos protegidos pelo ouro, que pairamos além e acima de infaustos acontecimentos, imunes a dores, inatingíveis... Somente os outros estariam sujeitos a vicissitudes! Escudamo-nos com tesouros terrenos, amealhados dia a dia, ano após ano, em alienante ciranda realimentada continuamente por nossa ambição e egoísmo, acabando por nos enclausurarmos detrás de imensa muralha, solitários e desconfiados, tornando-nos inacessíveis às verdadeiras conquistas do ser, espírito imortal, cuja única bagagem nas sucessivas trajetórias evolutivas consiste nos tesouros espirituais, aqueles apregoados pelo Cristo como imunes aos ladrões, às traças, à ferrugem. Vivemos na vã ilusão de que o ter substitui o ser e fatalmente seremos chamados à realidade, mais cedo ou mais tarde, através de episódios existenciais encarregados de nos despertar de letárgicos engodos, expulsando-nos da montanha de ouro onde acreditamos poder mergulhar, anestesiados, fascinados por suas áureas e ilusórias cintilações.

Os ladrões, naquela deserta estrada da Palestina dos tempos do Mestre, constituíram o tombo, a arrancada de tapete, o baque surdo e contundente na realidade. Dor, sofrimento, morte... Jesus representou o caminho, a descoberta da verdade, o sentido da vida! A partir daí, nunca dele me apartei, trabalhando por meu crescimento espiritual e auxiliando outros a se enxergarem como criaturas de Deus, perfectíveis, com imenso e inexplorado potencial. As reencarnações sucederam-se, o providencial e benéfico esquecimento dos fatos pretéritos desceu sobre elas, contudo a doce pressão das mãos do Mestre sobre a fronte em sangue, a terna piedade de seu claro olhar, a sabedoria de seus ensinamentos e o Amor finalmente compreendido continuaram a nortear-me os passos ainda vacilantes na Seara do bem! Alijei de meus ombros o pesado fardo das ilusões, despi o manto das conquistas e papéis temporais, questionei valores e crenças, permiti a instalação de íntimos conflitos, revolucionando estratificadas formas de pensar e viver... Abri os olhos, tracei metas e trajetórias que visavam ao aprimoramento do espírito, conquanto não desrespeitassem o bem-estar do corpo, imprescindível tabernáculo físico no processo de aprendizagem sobre a escola Terra. A doutrina do Mestre iluminou os caminhos das inadiáveis e imprescindíveis transformações.

Pouco a pouco, libertei-me do jugo tirano da materialidade, candidatando-me a empreender a grande viagem com bagagem cada vez mais rica e de etéreo peso: tesouros espirituais.

Seu toque persiste em mim como naquela distante noite perdida no tempo e para sempre guardada seguramente em meu coração. Aquela ferida latejava tanto! Os suores frios inundavam-me o corpo febril e trêmulo, entrevi a presença da morte, senti-me morrer... Então, as mãos compassivas de Jesus tocaram-me! Sua paz tomou conta de mim... Ao despertar, Ele havia saído de meu caminho... Assim acreditava eu! O Homem da Galileia, no entanto, havia me impressionado de tal maneira que impossível ignorar sua existência!

Em minhas ricas propriedades, onde a felicidade passava bem longe dos que nelas labutavam, o Mestre teve para com os pequeninos o mesmo olhar de Amor, a mesma compaixão... Outro qualquer teria estendido a mim suas cobranças, mas Ele não... Pacientemente aguardava o retorno do filho pródigo ao reduto do Pai, da desgarrada ovelha ao aprisco...Como a uma criança, ensinou-me uma vez mais, fazendo-me recordar os compromissos reencarnatórios olvidados, ofuscados pelo brilho enganador do ouro.

Minha história? Comum, corriqueira, perdida em meio a muitas outras de tantos como eu, ambiciosos, avarentos, egoístas... E assaltados, feridos, quase mortos... A não ser pela presença de Jesus naquela hospedaria de beira de estrada, modesta estalagem em um dos caminhos da sua Galileia.

Josué, o mercador.

A Trave no Olho

"Por que reparas no cisco que está no olho do teu irmão, quando não percebes a trave que está no teu? Ou como poderás dizer ao teu irmão: "Deixa-me tirar o cisco do teu olho", quando tu mesmo tens uma trave no teu?Hipócrita, tira primeiro a trave do teu olho e então verás bem para tirar o cisco do olho do teu irmão." (Mateus, cap.VII , v. 3 a 5).

"Uma das insensatezes da Humanidade consiste em vermos o mal de outrem, antes de vermos o mal que está em nós."

"Incontestavelmente, é o orgulho que induz o homem a dissimular, para si mesmo, os seus defeitos, tanto morais, quanto físicos."
(O Evangelho Segundo o Espiritismo, cap. X)

Os primeiros raios de sol iluminavam o encantador cenário da Galileia, clareando os caminhos ainda orvalhados, matizando as miríades de tremeluzentes diamantes nos amplos tapetes de flores silvestres derramadas sobre os declives, cujo perfume suaves brisas espalhavam nos ares, balsamizando a clara manhã.

Um jovem seguia por um atalho entre a nativa vegetação, perdido em pensamentos, alheio a tudo o que o cercava. Maus tempos aqueles para o jovem Elias! Perdera os pais em inevitável acidente, havia se desentendido com o irmão mais velho na partilha dos poucos bens, a moça pela qual se interessava preferira desposar outro e, para seu supremo desespero, o escolhido fora justamente seu irmão! Suspirava, descontente, entristecido com a realidade existencial:

– Como as coisas podem mudar dessa maneira de uma hora para outra? Tanto esforço, tanto trabalho para fazer a terra prosperar e produzir e, de repente, tudo é injustamente dividido, a família se esfacela, vejo-me pobre, praticamente sem um vintém, pois aquele que não possui de seu sequer um pedacinho de terra para plantar e obter o sustento, esse, sem dúvida alguma, é um deserdado dos céus!

Elias arrancou de uma das árvores uma varinha e com ela pôs-se a vergastar as próprias vestes, descontando em si mesmo a ira. Como fora tolo!

– Bem me diziam todos! Interesseira! Assim que fiquei sem nada, preferiu Jacó... Meu irmão mais velho... O que ficou com praticamente tudo... Dá nisso confiar nas mulheres, dá nisso...

Tão entretido estava que praticamente trombou com o homem de suspeita aparência, que vinha em sentido contrário.

– Ei, não olhas por onde andas, rapaz?! Estás louco? Cuidado, posso zangar-me...

– Senhor, não leves em conta o mau jeito! Estava tão distraído, pensando na vida...

– A julgar por teus olhos vermelhos e pelas lágrimas que tentas ocultar, as coisas não andam bem para ti...

Elias olhou mais atentamente para o viajante, pois certamente tratava-se de alguém de outras bandas, reparando em suas empoeiradas vestes, no saco de viagem muito sujo, nos desgrenhados cabelos... Um velho de aparência esquisita e desagradável...

Como se lesse seus pensamentos, o estranho desatou a rir de forma irônica, cofiando com os dedos de encardidas unhas a grisalha e hirsuta barba:

– Não gostas do que vês, meu rapaz? Problema teu, pois eu também não me agrado de ti! És um chorão! E eu não aprecio pessoas que não lutam pelo que desejam, que ficam somente em lamúrias e inúteis autoflagelações!

O rapaz arregalou os olhos. Quem seria aquele homem que parecia adivinhar o que estava ocorrendo?!

– Ah! Agora te interessaste, não é? Vamos tomar assento ali, debaixo daquela árvore, e conversaremos melhor. Vejo que tens um alforje... Deve haver comida aí dentro...

Elias contemplava, entre atemorizado e esperançoso, aquela incomum figura. Em pouco tempo, o velho devorou os pães, as frutas, o queijo... Sequer se importou com o fato de o moço ter ficado sem nada... Depois, arrotando ruidosamente e sem qualquer pejo, disse-lhe:

– Vejo que perdeste tudo da noite para o dia. Teu pai, tua mãe, as terras, a mulher com quem sonhavas constituir família...

– Andaste indagando de mim por aí?

– Ah! Não és tão importante para isso! Eu vejo, vejo... Entendes? Vejo! E leio teus pensamentos, meu jovem...

Elias não podia acreditar no que estava ouvindo! Um feiticeiro, um mago! E logo ali, na frente dele, bem quando as coisas iam tão mal... Talvez pudesse ajudá-lo... Mas como, como?!

– Exatamente, meu rapaz. Como?! A questão se resume nisso... Como?! Bem que podias contar um pouquinho de tua história, poupando-me do encargo de tudo adivinhar...

– Posso, se assim desejares, senhor... Em noite de tempestade, um raio desabou sobre nossa casa, matando-me o pai e a mãe... Depois, foi uma briga só! Para resumir, nosso irmão mais velho apoderou-se de tudo... Somos cinco... As três filhas estão bem casadas, com suas famílias, vivendo longe daqui, tendo suas vidas... E são mulheres, não lhes cabe nada reivindicar, pois levaram seus dotes ao se casarem... Eu, ao contrário, o mais novo, contava ficar na propriedade, achava que poderia ali viver, trabalhar e manter uma família...

– Assim poderia ser! Por que não acertaram tudo? Haveria espaço para todos... Percebo que teu irmão também era solteiro...

– Sim! O danado é tão esquisito que jamais havia se interessado por mulher alguma... Vivia para o trabalho... Assim acreditávamos... Mas, logo que nossos pais faleceram, as coisas mudaram! Havia tempos, eu estava de casamento combinado, namorando uma jovem muito bela de nossa aldeia, um pouco sem juízo, mas a mais bela de todas... O casamento se realizaria em poucos dias... Quando Jacó me colocou para fora da propriedade, ameaçando-me inclusive de morte se ousasse ali entrar, as coisas tomaram um rumo jamais imaginado. Ele vai se casar com ela, entendeu?! Ele! As bodas se realizam hoje!

– Ora, vejamos se bem entendi, meu jovem... Teu irmão Jacó te passou para trás na herança e no coração de tua noiva?! E tu não percebeste que o real motivo de te expulsar da casa paterna foi a paixão que, às escondidas, ele nutria por tua linda noivinha?!

– Não desconfiei! Somos irmãos!

– Sim! E daí? Não havias notado nada?

Elias passou a ligar os fatos. Realmente, sempre que os via juntos, Jacó irritava-se, descontava nos animais da casa seu mau humor... Brigava com os empregados... Como pudera ser tão cego!

– Ah! Não vai ficar assim, não vai! Eu mato aquele infeliz, aquele traidor!

– Muito bem! Matas e vais preso, para as galeras! Sabes quanto tempo dura um homem nos remos? Não te dou seis meses... E os romanos estão doidos para conseguir gente... Melhor aceitares minha ajuda...

Elias considerou o velho, que o fitava com os olhinhos brilhantes de cobiça:

– Nada tenho! Estou a trabalhar para um vizinho, a troco de casa e comida... Com certeza teus serviços terão um preço... E não parece que será pouco...

– Sim, mas poderás pagar-me quando recuperares o sítio, a noiva...

– A noiva! A essas horas deverão estar casados! Perdi-a ... Além do mais, não quero saber daquela traidora! Ela também me traiu!

O velho disfarçou um sorriso, pois bem conhecia as pessoas. Logo a raiva diminuiria, a saudade pesaria na alma... E o jovem mudaria de idéia! Para não encompridar a conversa, concordou:

– Mais fácil, então! Primeiro, deverás confiar em mim, pois demandará um tempo... Terei que conseguir a confiança de Jacó... Depois, executarei o plano... E não poderás interferir, devendo ficar longe, bem longe, para não despertar suspeitas... Quando tudo estiver pronto, irei a teu encontro e conversaremos. Quanto às contas, não te preocupes, sobrará muito para ti, pois não sou demasiado ambicioso! Agora, mostra-me o caminho mais curto para a propriedade e trata de sumir, de preferência para um lugar distante... Que tal arrumares serviço na aldeia vizinha? Aquela por onde passei anteontem... A colheita iniciou-se por aqueles lados e precisarão de gente... Jacó ficará mais confiante se ficares longe de suas vistas! E eu poderei agir sem possíveis interferências de tua parte...

– Mas...

– Não disse? Bem sei que queres espionar o andamento das coisas... Nem pensar! Obedece-me ou não haverá acordo entre nós!

Ainda que a contragosto, o jovem Elias acabou concordando com as condições do velho, que se disse chamar Abdias e vir de longínquas terras...

Entardecia quando Abdias transpôs as muretas de pedra que delimitavam a entrada do sítio que agora pertencia a Jacó. De longe, podia-se notar intensa movimentação, pessoas indo e vindo, música... O velho observou satisfeito a ampla casa, o jardim onde flores desabrochavam, a cocheira, os campos plantados com esmero, a colheita que certamente seria generosa... Muito bom! Assim que Elias recuperasse tudo aquilo, poderia lhe pagar um bom dinheiro! Falando consigo mesmo, cantarolava baixinho:

– Vamos lá, ao serviço, Abdias, vamos lá!

Mal se aproximara da casa, um servo de assustadiço olhar precipitou-se, barrando-lhe a passagem:

– Que fazes aqui, velhote? Como entraste?

– Pelo portão, ora... Por onde mais?! Não pareces muito hospitaleiro... Teu senhor certamente não aprovaria a expulsão de um pobre velho, negando-lhe pouso e comida...

– Velho, se tens juízo, trata de ir embora! O patrão pode enxotar-te a pauladas...

– Cassim!

O servo voltou-se para uma jovem de esplendorosa beleza, em alvos trajes nupciais, curvando-se com respeito:

– Senhora...

– Dá-lhe de comer e beber! Há fartura em nossas mesas...

– Senhora, o amo não gostará... Ele detesta andarilhos e pedintes... Ainda mais em sua festa de bodas!

A jovem riu de maneira encantadora e desafiante:

– Obedece-me, estafermo! Afinal, a partir de hoje, também mando nesta casa... Serve-lhe do melhor, entendeste? Se estás com medo de Jacó, faze-o depressa, levando-o para o celeiro, onde ninguém o verá. Anda!

Depois, notando o desagrado do serviçal, completou:

– Ah! Tem mais... Ele poderá dormir lá esta noite...

– Mas, senhora, o amo sempre diz que...

– O amo, o amo... Não sabes dizer outra coisa, inútil?! Eu me entendo com ele depois, quando retornar dos campos, onde está exibindo a colheita para alguns convidados... Anda! Dá-lhe de comer e beber! Depressa, criatura! Leva tudo para o celeiro, anda!

Abdias estava fascinado com aquela mulher de cabelos muito negros e alva pele, de flamejantes olhos escuros e lábios de rubi... Ah! Não era para menos que o pobre Elias estava desesperado...

– Bela senhora, com certeza sois uma criatura de muito bom

coração... Um pobre velho como eu poderia servir-vos, se assim desejardes... E muito mais do que pensais...

– Não abuses de tua sorte! Somente permito que fiques em respeito a velha tradição familiar, segundo a qual não se deixa ninguém com fome e muito menos ao relento. Atrai azar para nossa vida! Ainda mais hoje, no dia de meu casamento!

– Vejo que acreditais nas forças sobrenaturais, minha senhora!

– Que sabes disso, velho?!

– Tudo, minha senhora, tudo... Sei ler o passado, o presente, o futuro... E desviar desgraças... E atrair bons prenúncios...

Voltando-se para o servo, que chegava com uma vasilha de comida, vinho e alguns panos, a jovem senhora ordenou:

– Leva-o para o celeiro e cala tua boca, pois Jacó nada deve saber a respeito disto... Nada! Se ele desconfiar de algo, nego tudo, entendes? A culpa recairá sobre ti... Assim, repito, trata de silenciar, não contes nem aos outros servos, entendeste?

Abdias desmanchou-se em mesuras, seguindo o empregado na direção do celeiro, enquanto intimamente se rejubilava, pois conseguira atrair sua primeira vítima, a bela Ana. Na hora oportuna, entraria em contacto com o desconfiado Jacó...

No dia seguinte, mal Jacó partira para os campos, sua esposa correu para o celeiro, carregando nas níveas e delicadas mãos um cesto com variado desjejum. Desejava agradar Abdias, contando obter importantes revelações! Adorava leitura de sorte, profecias, conselhos do além... Aquele velho poderia ser um tesouro em sua vida! Além do mais, a noite de núpcias fora uma tortura para seu coração repleto de ilusões e ainda ligado a Elias. Detestava Jacó!

– Senhora!

Sorrindo, a moça estendeu o cesto, enquanto lhe desejava uma boa refeição, tratando de tomar assento em um dos fardos, iniciando aquilo que chamava de consulta, enquanto seu protegido se deliciava com as finas iguarias.

Durante cerca de uma hora e meia, no intuito de convencê-la

de seus dons, Abdias revelou fatos do passado da moça, entretecidos com levianos comentários e conselhos pretensamente destinados a resguardá-la de más influências. Depois, com inocentes ares, o velho lançou a isca:

– Em vossa mão, senhora, vejo que estais contrafeita com algo... Ah! Uma figura alta e máscula, de olhos muito negros e anelados cabelos... Sim... Vejo bem! Sem dúvida, um belo jovem! Ama-vos, não consegue esquecer os beijos trocados sob as estrelas... E não se trata de vosso esposo... Um minuto... Também sentis a falta dele, pois vossas almas estão destinadas ao amor! Estais unidos pela eternidade, linda senhora!

– Ai, como tens razão! És realmente um mago! Descreveste com exatidão meu antigo noivo, Elias! Terminei nosso compromisso porque ficou pobre, sem nada... E Jacó, Jacó há muito me assediava com propostas de casamento, riqueza, vida confortável... Que podia fazer?! Em minha opinião, amor e pobreza não combinam! Acabaríamos infelizes os dois se concordasse em me unir a ele e viver mísera vida... Nem pensar!

– Tendes razão, sem dúvida! Mas, e agora?! Ficareis para sempre ao lado de alguém a quem não amais?!

– Terrível! Mal posso suportar seu toque! Tenho que dar um jeito... Mas, como?! Casei-me... A separação é impossível!

– Se permitirdes, consultarei as forças do além e vos darei um parecer daqui a três dias. Até lá, guardareis segredo de minha presença neste celeiro... Ficai longe daqui, somente retornando após o terceiro dia... Se vosso esposo souber, nada poderei fazer em prol de vossa felicidade!

Enquanto isso, nos campos, Jacó fitava a colheita com desalentados ares. Almejara tanto ser dono de tudo aquilo e agora a felicidade parecia-lhe amarga, distante mesmo!

Suspirou tristemente, pois, no fundo de seu coração, conquanto fosse ambicioso, avarento, egoísta, a lembrança do irmão Elias, cruelmente banido para outras terras, pesava cada vez mais. Ainda naquela manhã, o vizinho lhe contara que ele se fora, carregando os poucos pertences... Havia implícita censura naquela informação dada de forma aparentemente inofensiva... Julgavam-no um monstro! Não sabiam, contudo, que a presença do irmão por perto impediria sua felicidade com Ana. Ela jamais concordaria em desposá-lo! E como viver sem ela?! E, ainda por cima, na mesma casa com Elias, assistindo às demonstrações de afeto entre os dois, vendo-lhes o nascimento dos filhos... Nem pensar! Estava feito e assim permaneceria! Com o tempo todos olvidariam e a vida entraria na rotina...

A esposa, contudo, preocupava-o . Calada, avessa a suas carícias, fugindo de seu contacto... Certamente ainda amava o antigo noivo, seu irmão Elias... Precisava fazer algo a respeito, senão enlouqueceria de ciúmes!

– Podereis resolver essa situação facilmente, senhor!

Jacó assustou-se, procurando de onde viria aquela voz! Abdias rodeou a grande árvore, expondo-se aos olhares de Jacó, realizando respeitosa mesura, na qual um observador mais atento perceberia implícita ironia.

– De onde vieste, velho? Quem és para entrar assim na intimidade de outra pessoa?!

– Alguém que somente deseja o vosso bem, nobre senhor! Os deuses me concederam o dom de ler pensamentos... E os vossos, rico senhor, não parecem retratar felicidade... Talvez, embora minha inutilidade, possa ajudar-vos...

– Ajudar-me...

– Sim... Parece-me que o problema maior consiste no fato de uma bela moça não vos apreciar o tanto que desejaríeis... Isso pode ser facilmente mudado! Basta que acrediteis em mim, dando-me plenos poderes para agir! Em três dias, nobre senhor, ela estará a vossos pés, apaixonada e submissa!

Jacó fitou aquele estranho que lhe inspirava pouca confiança. O pai ensinara-lhe que as coisas não caíam dos céus simplesmente... Qual seria o preço de tamanha disposição em servir? Antes mesmo que formulasse a pergunta, Abdias riu, antecipando-se:

– Muito pequeno, senhor, muito pequeno! Algum dinheiro para as despesas de viagem, se assim quiserdes... Se achais muito, deixemos para lá! Farei por conta do apreço que vos tenho, embora jamais nos tenhamos encontrado dantes.

Muito bem! Se nada lhe custaria, muito bem! Sorrindo, Jacó acedeu:

– Se nada me obrigarás a pagar, melhor! Vejamos como te sairás na empreita... Não será fácil, pois minha bela esposa tem um gênio caprichoso...

– Em três dias, nobre senhor, tereis novidades... Depois, tornaremos a falar!

– Mas sem dinheiro no meio, certo?!

– Perfeitamente, nobre senhor!

Intimamente, Abdias amaldiçoava o avarento! Faria tudo de graça, com a maior satisfação... Pelo menos no começo... O dinheiro maior viria de Elias, que parecia agradecido e nada sovina! Quanto à bela Ana, ela lhe agradava, não só pela beleza, mas por ousadamente ter afrontado as ordens do avarento Jacó... Talvez Elias reconsiderasse, aceitando-a de volta... Sempre poderia ser convencido com uma poção do amor... Providenciaria uma com urgência...

No início do terceiro dia, Ana não se conteve, tamanha a sua ansiedade. Bem cedo, mal Jacó desaparecera na curva do caminho, disparou na direção do celeiro, encontrando o feiticeiro sentado no chão, com alguns objetos estranhos a seu redor. Vendo-a, fez-lhe sinal para que se assentasse a sua frente e, com estranha entonação, falou-lhe:

– Vieste hoje... Por quê? O certo seria amanhã... Mas não aguentaste de tanta curiosidade... Ou será que estás tão infeliz que não suportas esperar o prazo fixado por nosso instrumento, Abdias? Não importa! Concordamos em atender a teu pedido!

Ficarás livre dele em bem pouco tempo... Primeiro, obedecerás às nossas instruções, que se resumem em aguardar o prazo de três dias, contados a partir de ontem, e fingir avassaladora paixão por uma semana... Depois, esfriarás, tratando-o com total indiferença...

– Mas, o que acontecerá então?!

– Esta é a primeira parte... O restante combinaremos na hora certa... Vai-te, não abuses de nossa paciência!

Em casa, Ana pensava:

– Maldita mania desse mago! Tudo exige três dias! Como se eu tivesse tempo para perder... Não vou esperar nem mais um dia, pois já estou cansada dessa história de aturar Jacó! Vou resolver rapidinho...

Naquela mesma noite, ao retornar da labuta nos campos, Jacó encontrou uma esposa afetuosa, apaixonada, receptiva a seus desejos e ordens. Nem podia acreditar no que lhe estava acontecendo! O velho conseguira! E sem custo algum! Nada mal!

Após o tempo determinado, Ana deixou de fingir, assumindo sua conduta distante, desinteressada. Jacó entrou em desespero! Correu para a árvore onde encontrara o velho pela vez primeira, lá se quedando. Inútil! Os dias se passavam e nem sinal de Abdias, muito bem escondido no celeiro, comendo e bebendo do bom e do melhor, rindo das narrativas de Ana a respeito do desconcertado esposo, esperando a hora certa de atacar...

Abdias estava encantado com a forte personalidade de Ana. Ela desobedecera às ordens da entidade que o assessorava nos trabalhos de magia! Quando a censurara, rira de maneira encantadora, rodopiando alegremente, convencendo-o de que fizera o melhor! Para que esperar?! Uma mulher daquelas certamente deixaria um homem louco...

Quando o tempo lhe pareceu suficiente, o mago foi ao encontro de Jacó, encontrando-o no campo. Ao vê-lo, o moço demonstrou enorme alívio, estendendo-lhe uma bolsa com moedas, praticamente suplicando:

– Sei que podes reverter a situação! Quero a minha Ana de volta, carinhosa e gentil! Eu imploro! Se o dinheiro não bastar, darei mais... Pouco, pois não sou tão rico como pensas... Não suporto mais a indiferença de minha esposa!

Enquanto isso, na vizinha aldeia de Betânia, Elias conseguira serviço em uma das propriedades, dedicando-se de corpo e alma ao árduo labor, procurando acalmar as pungentes dores que lhe contristavam a alma: revolta, ira, ciúmes... Calou a respeito de sua origem, obedecendo a explícitas recomendações do velho Abdias, que assim se manifestara:

– Não te identifiques! Não relates o que ocorreu a ninguém! O mundo é pequeno, caro amigo... Embora afirmes desconhecer os que ali residem, ainda assim precisamos ter cuidado... Se Jacó souber de teu paradeiro, poderá atrapalhar nossos planos! Nunca se sabe o que fará contra ti!

Assim, o esperto Abdias prevenia-se de um possível arrependimento por parte de Jacó, pois pressentira os remorsos que o vinham atormentando nos últimos dias, resultantes de sua atitude reprovável. Se ele soubesse do paradeiro de Elias, poderia ir ao seu encontro, remediando a situação... Então, adeus dinheiro!

Em Betânia, tudo parecia singularmente harmonioso a Elias, desde os céus de límpido azul, as cristalinas águas, os verdejantes campos em flor, até as pessoas de afável índole. Acostumado ao severo ambiente reinante na casa paterna, o moço assombrava-se com a maneira de aquelas pessoas se relacionarem, como se um sentimento maior e muito bom as unisse.

Nunca seu pai abrira espaço para que a esposa se manifestasse... Jamais sua mãe tivera coragem, ou sequer demonstrara a intenção, de expressar qualquer ideia sua... As irmãs, essas haviam crescido tão submissas quanto ela... Os empregados eram tratados como seres à parte, vivendo temerosos de desagradar ao senhor, tratados com gritos e admoestações... Observando os irmãos Lázaro, Marta e Maria, o moço intimamente sonhava com algo semelhante para sua existência... Conversavam, riam, trocavam impressões, repartiam angústias e alegrias, demonstravam afeto nos pequenos gestos do dia a dia...

Entardecia. Elias contemplava com prazer os campos semeados, onde generosa colheita aguardava as mãos do ceifeiro... Olhando para o céu, limpou o suor da testa, preparando-se para prosseguir... Súbita agitação fê-lo estacar... Um servo chegava, montado em um burrico, dizendo algumas palavras inaudíveis àquela distância, provocando imediato recolhimento das ferramentas e uma verdadeira debandada em direção à casa dos patrões. Sem nada entender, seguiu os companheiros.

Os visitantes certamente eram de muita importância, a julgar pelo regozijo com que os acolhiam. Curioso, indagou de um dos trabalhadores:

– Quem é Aquele?

– O Rabi, Jesus!

– E os outros?

– Seus discípulos...

– E quem são eles afinal?

Assumindo importantes ares, o trabalhador pôs-se a relatar fatos e mais fatos, sob o espantado olhar de Elias... Quanta fantasia... Impossível!

À noite, o tal Jesus agregou a seu redor as pessoas dali e das propriedades vizinhas, falando-lhes com voz sonora e melodiosa. Para não ficar sozinho com sua dor no deserto alojamento, Elias juntou-se a elas, preparando-se para uma enfadonha escuta. Aquele Homem, no entanto, discorria sobre assuntos que tinham tudo a ver com as criaturas e seus problemas existenciais... Intimamente se perguntava como Jesus encararia o que lhe acontecera... Ao final da reunião, quando quase todos haviam se recolhido, o Mestre aproximou-se do calado Elias, enlaçando-o pelos fortes ombros, conduzindo-o a um banco, onde ambos se assentaram. Sorrindo amigavelmente, comentou:

– Estás sofrendo muito... Jacó e Ana jamais abandonam teus pensamentos... Posso ajudar-te?

Ele sabia! Como, se nada dissera a ninguém?!

– Elias, acreditas amar Ana... Achas que não consegues viver sem sua presença...

– Eu amo, Rabi! Sou louco por ela! Jacó, meu irmão, roubou-a de mim!

– Tens certeza de que gostarias de passar tua vida ao lado dessa moça? Ou será que estás encantado com sua beleza, com seus sedutores modos?

Elias calou.

– Muitas vezes, as criaturas deixam-se enlear pelos encantos físicos, pelas aparências, descuidando-se do que vai na alma, ignorando as qualidades que realmente importam. Ora, meu irmãozinho, a beleza e a juventude esvaem-se no inexorável decorrer dos dias... Ou nos acostumamos ao belo e em pouco tempo deixamos de percebê-lo, principalmente quando não vem acrescido de beleza moral.

Diante do olhar duvidoso de Elias, o Mestre riu, ajuntando:

– Sabes aquele teu manto azul, o listrado, entretecido com fios dourados? Aquele que deleitou teus olhos a ponto de o adquirires a exorbitante preço... Não permitias que ninguém nele encostasse...

Elias fitou o Mestre com espanto, pois o tal manto fora motivo de muitas desavenças entre ele e o irmão, que lhe criticava o desperdício de dinheiro investido em uma peça tão cara, verdadeira inutilidade, segundo ele. Onde estaria agora? Há muito não o usava, pois outros haviam-no sucedido em preferência. Já não o achava tão belo, pois se acostumara com ele... O Rabi tinha razão!

Jesus sorria:

– Assim é, Elias. Habituamo-nos até com o belo... Não disse?! Um ser humano, contudo, está muito longe de ser um objeto, que relegamos a um baú quando não mais nos agrada, e lá se queda, sem nos importunar. Tua Ana, apesar de belíssima, cansar-te-ia em pouco tempo, pois não tendes nenhuma afinidade maior...

– Pode até ser, Rabi... Mas... E o caso das terras? Ele me expulsou, perdi tudo!

–Jacó te afastou por considerar que continuarias um rival no coração de Ana, mesmo que com ela se casasse... Menos ciumento e apaixonado, perceberia que a moça não ama a nenhum dos dois, pois coloca as coisas materiais à frente de tudo e todos... Além do mais, ele já está arrependido do que fez, embora resista, recusando-se a devolver-te a parte na herança, já que a esposa é intransferível pelas leis sociais. Queres saber? O orgulho o impede de confessar para si mesmo que realizou uma péssima escolha afetiva!

– Que devo fazer, Mestre?! A dor da perda corrói-me a alma! Sinto ímpetos de aniquilar Jacó!

– Espera, Elias. Espera... Nesse caso, o tempo será o melhor conselheiro. Não constranjas o livre-arbítrio de Jacó e Ana com as artimanhas propostas por Abdias, pois o preço a pagar será muito alto, e não falo de nada material. As criaturas, levadas pelo ardor do momento, fazem coisas terríveis, das quais sofrerão as consequências por muito tempo! O perdão das ofensas, meu irmãozinho, constitui a maior defesa contra as dores da alma. Se ainda não consegues perdoar, pelo menos não te vingues! Reconcilia-te com o teu inimigo... Não aquela reconciliação de boca, propagada aos ventos, mas a do fundo do coração, aquela em que se educam os próprios sentimentos no cadinho existencial, lenta e progressivamente. Trata-se de um processo que independe do concurso do outro, onde o pretenso ofendido volta seus olhares para si mesmo, analisando o que está sentindo, as verdadeiras razões de sua ira, aprendendo a dar importância aos valores do espírito, domando o orgulho, causa maior dos infortúnios da criatura. Assim se conquista a paz!

Com o decorrer da semana, Elias cada vez mais se deixava

subjugar pelos ensinamentos do Mestre. Conquanto ainda sentisse muita falta de Ana, resignara-se a aguardar, possibilitando o tempo adequado às inevitáveis mudanças. Por outro lado, começara a questionar se a moça seria realmente a companheira ideal, principalmente ao observar o comportamento de Marta e Maria. Eram tão responsáveis, amorosas, destituídas de artifícios, interessadas no lar, na família... Certamente não tinham a beleza ofuscante de Ana, mas isso agora não se revestia de tanta importância. Admirava-as, sentia-se incrivelmente bem ao lado delas, pois conhecia-lhes a integridade moral, nada tendo a recear.

Cerca de quinze dias se passaram. Naquele sábado, o rapaz espantou-se com a inesperada chegada do velho Abdias. Vinha gordo, bem tratado, limpo, com roupas novas e elegantes... Nem parecia o mesmo!

Conquanto desejasse saber as novidades, Elias o preferiria bem longe, pois passara a analisar a situação sob ótica muita diversa da inicial, percebendo-se mais feliz ali, em Betânia, do que na casa que pertencera aos pais, em meio a desavenças e cobranças, distante de manifestações afetivas, sem carinho e compreensão. Por outro lado, Abdias decepcionou-se com a frieza do moço, pois acreditara encontrá-lo desesperado, morrendo de ciúmes e saudades de Ana...

– Então, Elias, pareces muito bem... Bem demais! Trouxe notícias de teu caso!

E o velho relatou como entrara na propriedade, seu encontro com Ana e Jacó, as saudades que a moça dele sentia, o desespero de Jacó com o descaso de Ana...

– Está chegando a hora! Jacó não tolera mais a indiferença da esposa! Ela, por sua vez, considera a hipótese de livrar-se dele definitivamente, reatando o romance contigo... Que dizes, hein?!

– Livrar-se dele... Deixá-lo... Para ficar comigo?! Abdias, quando falamos, estava enlouquecido de raiva e ciúme, revoltado... Queria ver-me livre de Jacó a todo custo! Hoje, contudo, percebo que posso seguir minha vida, apaixonar-me por outra pessoa... Afinal, se Ana me amasse realmente, teria permanecido comigo! Quanto à fazenda, bens materiais são importantes, mas posso conquistá-los com meu trabalho honesto! Sou jovem e forte!. Vamos esquecer, não mais desejo vingança... Jacó pode ficar com tudo! Abdias mal podia acreditar! Perdera a chance de arrancar bom dinheiro de Elias! E o moço certamente não entendera o verdadeiro sentido do que dissera, acreditando que Ana pretendia abandonar o esposo simplesmente... Astuto, tratou de silenciar maiores explicações para não se comprometer...

– Tu és mesmo um fraco, um tolo! Corre água em tuas veias?! Tudo bem! Esquecerei o combinado... Mas tu me deves, entendes, pois meu tempo é precioso!

O jovem ponderou nada ter, mas os argutos olhos de Abdias já se fixavam em pequena jóia em seu pescoço, única lembrança da falecida mãe. O velho estendeu a mão, sopesando-a com ares de menosprezo; depois, arrancou-a do cordão de couro, dizendo ao rapaz:

– Na falta de algo melhor, isto servirá!

Abdias retornou à herdade de Jacó com muita raiva, sentindo-se lesado. No meio do caminho, lançou no mato a peça que arrancara do pescoço de Elias, pois o fizera somente para irritá-lo. Sabia muito bem a dificuldade imensa que seria extorquir algum valor a mais do avaro Jacó, pois Ana teimosamente se recusava a prosseguir no jogo de paixão e indiferença, ansiosa em tirar de seu caminho o indesejado consorte! Diante de sua irredutível postura, restara-lhe planejar o assassinato, dela se valendo para ministrar o veneno; depois, com a união da rica viúva e Elias, poderia exigir uma boa soma para sumir no mundo. A recusa do moço em Betânia condenara seu plano ao fracasso, pois ele com certeza repudiaria qualquer ação menos digna!

Novamente escondido no celeiro, começou a pensar... A parte do envenenamento estava certa... Algumas gotinhas de um poderoso filtro e adeus Jacó! Ana faria o que mandasse! Poderia pedir-lhe o dinheiro após o funeral... Ela não se furtaria, pois estaria em suas mãos...

Então, como um raio, a ideia veio-lhe à cabeça: Ana era tão bela, jovem, encantadora... Poderia fazê-la apaixonar-se por ele, Abdias! Por que não?! Fácil, fácil! Ficaria com a moça e a rica propriedade!

Correu para a bolsa de couro, esvaziando-a freneticamente sobre as cobertas que lhe serviam de improvisado leito. Estavam ali, o veneno e o filtro de amor! O filtro de amor serviria inicialmente para forçar Elias a capitular diante das súplicas de Ana... Mas bem poderia forçar Ana a acreditar-se apaixonada por ele, Abdias!

Naquela mesma noite, Jacó desencarnava em meio a atroz sofrimento, sozinho em seu leito, pois a esposa preferira pernoitar no celeiro, somente regressando na madrugada, às escondidas.

A bela Ana acreditava-se disponível para a realização de seus sonhos de amor com Elias! Assim pensava, pois o arguto Abdias omitira o fato de o antigo noivo haver definitivamente rejeitado reatar o relacionamento.

O feiticeiro não conseguia entender a mudança operada em Elias! Durante a breve conversa entre ambos, intuíra ser inútil insistir, sentindo que o filtro não atuaria eficazmente contra sua vontade, seu livre-arbítrio. O moço estava muito diferente do pusilânime que conhecera no atalho! Parecia estar com o corpo fechado! Desconhecendo a presença de Jesus e o processo de autoconhecimento pelo qual Elias enveredara, as explicações ficavam difíceis para o materialista feiticeiro. Quanto a Ana, caso soubesse da indiferença do antigo noivo, provavelmente continuaria com o esposo! Nem pensar! Não sairia daquela história sem lucro, como um fracassado!

Um ano depois, para espanto de muitos, Ana unia-se a Abdias, vivenciando um casamento tempestuoso, repleto de desconfianças e ciúmes. Por três vezes engravidou, provocando ela mesma os abortos, recusando-se a receber nos braços um filho do homem que a enganara com falsas promessas, constrangendo-lhe a vontade com poções de amor de transitório efeito. Pobre Ana! Perdia assim a oportunidade de receber em maternos braços aquele que um dia fora Jacó, iniciando os acertos imprescindíveis à difícil arte de Amar!

O tempo foi passando... Abdias envelhecia a olhos vistos, contrastando com a radiosa beleza da jovem esposa. Ana temia-o, pois bem lhe conhecia as mágicas práticas, mas não conseguia evitar constantes e ferinos comentários, atormentando-o:

– Senhor meu esposo, pareces cansado... Talvez devesses guardar o leito, repousar... Levar-te-ei um chá... Uma pessoa de tua idade tem que se cuidar! Daqui a uns dias, não poderás mais caminhar, por conta de tuas dores! Estás até mancando... Coisas de velho... Não te preocupes, estarei aqui na hora de teu derradeiro suspiro... Não perderia isso por nada!

Certa manhã, os esposos atrasaram-se para o desjejum. Uma das servas, preocupada com a incomum demora, resolveu averiguar, encontrando-os mortos sobre o leito. Ana vestia roupa nupcial, e uma grinalda de alvas e perfumadas flores envolvia- lhe a pálida fronte...

Inicialmente, Abdias planejara eliminá-la, ficando com os bens e livre dos cruéis comentários com que ela o afligia, mas seus planos ruíram por terra ao vê-la morta, compreendendo a inutilidade de desfrutar os bens sem sua companhia... Fora vencido pela mais poderosa das armas, a paixão pela belíssima moça, que tentara ignorar naqueles anos todos!

Ninguém aparecendo para reivindicar a magnífica propriedade, o estado romano dela se assenhoreou, cedendo-a, algum tempo depois, para moradia de um dos funcionários do Império. Diziam-na assombrada, pois, em noites de clara lua, uma mulher de rara beleza, envolta em véus de noiva, perambulava pelos corredores, seguida de perto por chorosa figura de velho senhor, implorando,

implorando... Então, um vento gelado parecia envolver a casa e seus moradores tratavam de ficar bem longe do quarto lacrado, que diziam ter sido dela!

Quanto a Elias, o moço deixara-se transformar pelos ensinamentos de Jesus, abraçando-lhe a redentora doutrina. Anos depois, casado, com filhos, em pequenina e produtiva terra, adquirida com árduo trabalho, tomou conhecimento da morte de Ana e Abdias, não se surpreendendo com os dolorosos detalhes. Sempre suspeitara do falecimento repentino do irmão e ainda mais do enlace de sua bela viúva com o septuagenário mago... Tudo apontava na direção de sórdida trama elaborada por Abdias, aproveitando-se da fraqueza moral da moça... E pensar que ele por pouco não se envolvera! Ah, se não fossem as sábias ponderações de Mestre e sua iluminadora mensagem de Amor!

Os séculos decorreram, reencarnações foram se sucedendo, reunindo os protagonistas desta história de paixão e morte. Reencontros difíceis, árduas convivências...

Estamos na cidade do Rio de Janeiro, no ano de um mil, novecentos e setenta e seis...

Helena olhou para o relógio com aborrecimento. O noivo estava atrasado, exatamente quarenta minutos! Perderiam o encontro com o corretor da casa que pretendiam alugar para o casamento a ser realizado no próximo mês...

– Raul! Assim não dá! Está atrasado de novo! Vamos, não podemos perder essa casa, meu Deus!

O rapaz suspirou, seguindo-a sem maiores comentários. Helena era uma belíssima moça, de cabelos e olhos muito negros, pele clara, corpo de miss... Se não fosse aquela formosura toda, há muito teria desmanchado o compromisso, pois era muito mandona! Rindo intimamente, capitulava: não conseguia viver sem ela, por mais que tentasse, dominado por estranha, quase obsessiva paixão.

Felizmente, o negócio foi acertado e tudo ficou em paz.

Na hora da compra dos móveis, as discussões se repetiram, pois os gostos e preferências não combinavam. Raul acabou concordando com tudo, embora visse que seu salário não daria para pagar aquilo que considerava excessivo luxo para um jovem casal.

O moço pretendia uma cerimônia religiosa simples, com poucos convidados e um almoço na casa da mãe. Churrasco, um arroz bem soltinho, feijãozinho caprichado para os que não comiam sem ele, maionese, salada de tomate e alface e, para terminar, o tradicional bolo!

– Nem pensar. Raul! Está doido?! Isso é coisa de pobre! Vamos nos casar à noitinha, é mais chique! E um jantar para os convidados... Vinho, champanhe... Não sei do seu lado, mas do meu chegam a duzentos... Podemos fazer no restaurante onde trabalho... Você sabe que eles alugam o salão...

– Meu Deus, é muita gente! Você tem tantos parentes e amigos assim? Valha-me, minha Nossa Senhora! E quem vai pagar tudo isso?! Seu pai?!

– Você bem sabe que ele não tem condições! Concordou em se responsabilizar pelo vestido de noiva e a igreja... O resto é problema seu!

– Nosso, Helena, nosso! Com tantas dívidas, como vamos iniciar a vida de casados?!

– Ah, meu bem, daremos um jeitinho... Estou trabalhando, ganho pouco, é verdade, mas ajudarei você... Será que o meu noivo vai deixar a sua noivinha sem o casamento de seus sonhos?! Ah! Casamento é uma vez só, meu amor!

Raul emudeceu, embora intimamente completasse:

– Graças a Deus! Mais de um eu não agüentaria!

Os temores de Raul se confirmaram. Passados os arroubos da lua de mel, os jovens depararam com a triste realidade das dívidas além de seus proventos. Para complicar, Helena engravidara logo, tendo que abandonar o emprego, pois os enjoos não lhe permitiam desempenhar as funções de garçonete. Não suportava o cheiro constante de comida!

Naquela tarde, ao retornar ao lar, Raul sentia-se muito triste, compreendendo que deveria ter-se negado a aceitar tantos gastos inúteis. Deveria ter batido o pé! Agora era tarde... Incomum movimento na porta da casa assustou-o, principalmente ao ver a figura do médico que atendia no bairro, um senhor de madura idade, de aparência simples e bondosa. Acontecera algo com sua Helena!

Um aborto. Raul pranteou a criancinha, espantado com a calma da esposa; conquanto calada, reagira muito bem ao insucesso, recuperando, inclusive, seu antigo emprego. Em conversa com o doutor, o rapaz resignou-se a deixar de lado o ocorrido:

– Isso acontece com os jovens casais, principalmente na primeira gravidez. Logo virá outro...

Em conversa com a esposa, combinaram aguardar por um tempo, pois precisavam pagar as contas e o salário de Helena ajudava muito, sem falar no fato de a moça trazer para casa um pouco da comida que sempre restava no restaurante, significando substancial economia, pois se eximiam da maior parte das compras de supermercado.

Para seu espanto, três meses depois, nova gravidez! Passado o primeiro impacto, o moço alegrou-se com a possibilidade de ter um filho, fazendo planos, dispondo-se a procurar mais um serviço no período noturno. Quando já se acostumara com a ideia, satisfeito por Helena haver superado a anterior repugnância pelos odores do restaurante, outra interrupção.

Durante anos, Helena provocou o aborto dos indesejados filhos, terminando por falecer muito nova, antes dos trinta anos, vitimada por incontrolável sangramento. O esposo jamais suspeitou que ela recorria aos serviços de inconsequente parteira, lamentando profundamente cada perda.

Então, há muito o casal dispunha de meios para criar as criancinhas sem maiores dificuldades, desde que ele lograra excelente colocação em uma empresa multinacional, tendo todos os problemas financeiros solucionados, habitando bela e ampla casa própria, com carro e polpudo investimento a juros.

Helena deixara o emprego no restaurante, fizera faculdade, estava terminando a pós-graduação... Ela mesma não conseguia entender por que não evitava filhos... Havia tantas maneiras! Ansiosa, descontente com a vida, buscava refúgio em fortíssimos calmantes e, a cada comentário do esposo a respeito do assunto, costumava desviar a conversa, repassando-lhe falsas informações, eliminando a hipótese de consultar especialista de renome, alegando desejar tentar a maternidade mais uma vez. De tempos em tempos, passava pela cabeça da moça a ideia de procurar um psicólogo, mas logo desistia, temerosa de expor sua vida interior, desejando salvaguardar a máscara de felicidade exibida a todos!

Após sua precoce morte, Raul sentiu-se perdido. A existência sem Helena pesava muito, perdeu peso, vivia pelos cantos... Sonhava com ela sempre e a moça lhe aparecia linda, com os longos cabelos muito negros e lisos soltos pelas costas, o sorriso encantador...

Um dos sonhos, contudo, impactou-o de singular maneira, pois não conseguia olvidar suas impressionantes cenas. Via-se em um aposento com móveis antigos, uma cama de casal... Um homem, um ancião para ser mais preciso, pranteava um belo e jovem corpo inanimado... Era Helena!

O homem dirigia-se a um baú com arremates em metal, abrindo-o, deixando que o cheiro de sândalo inundasse o quarto... Dele retirava vestes de seda, com elas vestindo a jovem... Depois, fechava cuidadosamente a porta pelo lado de fora, saindo para a cálida e perfumosa noite, iluminada por magnífica lua cheia... Havia um arbusto com minúsculas flores brancas em seus flexíveis galhos, de odor suave e agradável... Com trêmulos e enrugados dedos, o velho fazia uma guirlanda e retornava ao quarto, adornando os cabelos da moça, que se parecia com a sua Helena... Depois, ele ingeria de um só gole o conteúdo do copo que se achava cheio pela metade na mesinha ao lado da cama, desabando sobre os lençóis, perfilando-se ao lado do corpo da jovem, os dedos agarrados a sua fria e inerte mãozinha...

O sonho não lhe saía da cabeça! Tinha certeza de que a moça era Helena! Mas em outro tempo, no passado... Em outro país também, a julgar pelas roupas... E o velho? Conhecia-o ... Só de pensar, o estômago doía, a boca amargava, o coração disparava no peito, como se fosse enfartar... E uma dor de cabeça que não cedia com nenhum medicamento...

Os amigos começaram a notar seu nervosismo, atribuindo-o à perda da esposa, à solidão. Os conselhos vieram:

– Procure um bom médico, Raul. Temos um plano de saúde excelente! Faça um eletro, nunca se sabe... Já vi gente de sua idade morrer de enfarte... Enfarte em gente nova é fulminante!

– Raul, meu filho, como amigo posso lhe dizer: viúvo é quem morre! Trate de arranjar uma namorada ou você vai enlouquecer! Não precisa amar, é só para preencher o tempo!

Aceitou as sugestões... Médicos, exames, calmantes, namoradas eventuais... Nada! O mal-estar persistia. O sonho também... Não olvidava o pálido rosto emoldurado pelas flores perfumadas... E o mais intrigante é que se sentia cheio de infundados remorsos! Por quê, se nada tinha a ver com aquilo?!

Procurou um amigo mais íntimo, falou-lhe sobre o sonho, omitindo detalhes maiores, protegendo-se de seus próprios temores.

– Raul, isso me parece coisa de Espiritismo... Eu não entendo nada disso, mas sei quem entende... E vai até a Centro, meu caro! Sabe aquela loirinha do terceiro andar? Aquela bonitinha... Sabe sim, está sempre no elevador conosco! É engenheira... Pois é, dizem que ela é espírita...

Católico desde que nascera, Raul resolveu deixar para lá o conselho, pois não pretendia se meter com coisas que considerava sobrenaturais, tendo-lhes verdadeiro horror.

Na hora do almoço, por "coincidência", topou com a moça

no elevador, nela prestando atenção pela primeira vez. Era bonita, não como Helena, mas bonita... Qualquer mulher, comparada com Helena, perdia de longe... Reparou principalmente nos grandes olhos azuis, que refletiam muita paz... Ficou parada a seu lado, com a cabeça baixa, como se estivesse mergulhada em pensamentos, até que se apresentou:

– Parece que somos companheiros de empresa... Meu nome é Letícia... Trabalho no setor de projetos. Olhe, não quero me intrometer em sua vida, mas sinto que está com um problema sério...

– Ah! O linguarudo do Serginho falou com você...

Letícia riu:

– Nem sei quem é esse tal de Serginho... Ninguém me falou a seu respeito! Eu sinto, entende?

– Não!

–Olhe, esqueça! Desculpe ter chateado você com as minhas impressões...

Voltando do almoço, Raul trancou-se no banheiro, pois se sentia muito mal. Uma dor no peito, uma angústia, uma pressão na nuca, como se tivesse um peso enorme sobre ela... Volveu a sua mesa, mas não conseguia trabalhar... Finalmente, ligou para o terceiro andar, solicitando à moça uma conversa após o expediente, ali mesmo na empresa, poderia ser na sala de um dos dois...

Ela aquiesceu de imediato e, mal soaram as dezoito horas, tendo entre eles a mesa de Letícia, Raul abriu o coração, relatando o estranho sonho. Nos mínimos detalhes... Ela ficou quieta, escutando, refletindo...

Suando frio, Raul lhe perguntou:

– O que você acha?! Não entendo dessas coisas de sonho, mas tem gente que acredita que eles têm algo a nos revelar... Freud, por exemplo...

Sorrindo, a moça começou a expor como o Espiritismo entendia o assunto:

– Raul, você deve saber que sou espírita... Pois bem, acreditamos que todo ser humano tem corpo e alma. Quando dormimos, nossa alma se liberta parcialmente do corpo físico, podendo ir a muitos lugares... O sonho é a lembrança daquilo que a alma viu durante o sono...

– Mas... Era um tempo antigo, e a moça era igualzinha a Helena!

Letícia parou, pensando na melhor maneira de explicar a Raul o princípio da reencarnação. Com toda certeza, ele estava fragilizado com a perda da esposa muito amada, o que facilitaria o acesso a recordações de uma existência pretérita. Resolveu convidá-lo para a Casa Espírita, onde poderia tomar um passe, harmonizar-se...

Raul percebeu o cuidado da jovem em não lhe revelar o que poderia assustá-lo ainda mais. Que seria?! Então, acedeu, mais para não magoar Letícia, pois desacreditava daquelas coisas de benzimentos... Mas estava curioso...

Ao contrário do que esperava, o prédio era muito apresentável, com flores e um ambiente calmo, embalado por suave música clássica... A palestra amena, relacionada ao dia a dia das pessoas, proferida por um senhor de grisalhos cabelos, despertou-lhe o interesse, e a sessão de passes, a princípio estranha, revelou-se um bálsamo para sua dor de cabeça.

Naquela noite, dormiu como um anjo!

Letícia mostrou-se excelente companhia. Inteligente, bem-humorada, sensível! Com ela podia abrir-se, falar de seu casamento, da falecida esposa, dos sucessivos abortos, que tanto lhe haviam minado a saúde.

O Centro Espírita era completamente diferente do que imaginava! Nada de sobrenatural, de assustador! Cada vez mais interessado, adquiriu obras da Codificação sem que a moça soubesse e se propôs a lê-las. Queria surpreender Letícia com seus novos conhecimentos! Ao se inteirar, ela riu muito, recomendando-lhe frequentar estudos sistematizados, nos quais o grupo cresceria junto. Seria bem mais fácil! Raul concordou, pois estava perdido em meio a tantos conceitos novos e profundos!

Com o passar dos meses, os problemas de Raul foram ficando menos frequentes, podendo até conviver com eles de maneira perfeitamente controlável quando surgiam, tomando aspirinas para as dores de cabeça mais insistentes, chás calmantes de melissa e maracujá. O mais importante consistia no fato de o moço persistir nos estudos e se dedicar às atividades caritativas da Casa, adentrando faixas vibratórias mais elevadas, minimizando o acesso de entidades obsessivas.

Um ano depois, casavam-se Raul e Letícia, em singela cerimônia, à qual compareceram os amigos mais íntimos e familiares.

Uma história de amor tão comum...

Mal os noivos haviam partido para a lua de mel, os amigos, enquanto saboreavam o delicioso bolo, comentavam:

– Não disse? Ah, ah! O problema do Raul era mulher... O danado se acertou direitinho com a Letícia e sarou! Eu bem falei: viúvo é quem morre! A bela Helena nem esfriou no caixão...

– Ai, Serginho, para que tanto cinismo?! Não é nada disso, coitado! As pessoas têm o direito de reconstruir suas vidas, de serem felizes!

– Quem disse que não, mulher?! É bom saber que você pensa assim, minha ursinha... Vou me sentir menos culpado se tiver que arrumar outra...

– Nem pense! Eu venho puxar sua perna!

Se os encarnados soubessem o cuidado com que a Espiritualidade Maior analisa os relacionamentos, de maneira a propiciar condições para a evolução dos seres neles envolvidos!

Raul não se enganara em seus pressentimentos. Realmente, ele era a reencarnação do Abdias da Galileia... E Helena era Ana... Séculos de sofrimentos, de processos obsessivos, de vínculos tragicamente desfeitos... Encarnações em que se reencontraram, não conseguindo superar as dores da alma registradas em seus arquivos existenciais, vindo à tona em situações que guardavam semelhança com o pretérito.

Helena e Raul haviam tentado uma vez mais... Infelizmente, embora tivessem recebido do Mundo Espiritual condições para acolherem Jacó em seu lar como filho querido, a moça mais uma vez falhara. Poderia ter solicitado o concurso de profissionais da área psicológica e médica, mas se fechara às sugestões de sua consciência e às dos amigos espirituais. Em grande desequilíbrio, submetendo-se a constantes abortos, cometeu aquilo que classificamos como suicídio, ainda que involuntário, passando a afligir o companheiro com sua ira, secundada por aquele que fora Jacó.

Jacó... Até o presente, ele não lograra perdoar àquela que lhe fora esposa! Recusava-se terminantemente a volver nos braços de Helena, contribuindo significativamente com a interrupção de cada gravidez, atemorizando a moça com a percepção do ódio que lhe ia no coração.

Mas a Espiritualidade não dispõe de um único plano para as criaturas! Constatando a disponibilidade de Raul, decorrente de processos evolutivos iniciados em anteriores encarnações, viabilizaram a entrada em cena da figura de Letícia, jovem culta, com o conhecimento do Espiritismo, doutrina que, assumida pelo moço, permitiria a concretização de importantes mudanças na área de seus sentimentos, possibilitando o reencarne daqueles que haviam sido Ana e Jacó na distante Galileia.

No elevador, a jovem sentiu a aflição de Raul... E percebeu a presença das entidades desequilibradas, em pungente dor. Como médium, breve entraria em contacto com Helena, tomando conhecimento daquilo que Raul ignorava, dos abortos criminosos, da instabilidade mental da jovem e bela esposa...

Poderia ter revelado ao namorado os detalhes da triste história, mas calou, pois não lhe competia julgar... E muito menos expor os defeitos daquela que o moço tanto amava, na tentativa, talvez, de realçar as próprias qualidades.

Às vezes, quando Raul falava sobre Helena com os olhos brilhantes de lágrimas e emoção, o ímpeto de lhe contar a verdade surgia... Então, recorria aos ensinamentos de Jesus, reposicionando-se...

Bem dentro de seu coração, Letícia considerava que provavelmente incorrera em graves erros no pretérito... Assim, como criticar o cisco no olho do outro se não conseguia tirar a trave do seu?! Como sabia disso? Bastava prestar atenção na força que precisava fazer para silenciar!

Dez meses após, nasciam os gêmeos Tiago e Ana Carolina.

Reencarnavam, assim, Jacó e Ana, em um lar onde as luzes da Doutrina Espírita poderiam auxiliá-los a burilar arestas de imperfeitos sentimentos, libertando-se das amarras do pretérito.

Depoimento

Da porta de nossa casa, avistei o jovem que descia a estrada, de cabeça e ombros baixos, como se o mundo lhe pesasse nos ombros. Iniciava-se a colheita e nosso irmão Lázaro o contratou, não se arrependendo de tê-lo feito, pois ele se entregava de corpo e alma ao trabalho, como se assim lograsse acalmar o sofrido coração.

Não se queixava de nada, guardava para si os segredos que o afligiam, parecendo solitário, perdido em meio aos muitos tarefeiros...

Naquele formoso e cálido entardecer, nosso Amigo chegou! Regozijamo-nos com sua presença, pois Ele trazia consigo excelsas revelações, que nos enchiam de alegria, plenificando nossas almas!

O jovem Elias ficou de longe, desconfiado. Julguei que a qualquer momento ele volveria ao alojamento dos homens... Seus olhos revelavam dor e solidão...

Havíamos colocado farta e variada ceia sob as grandes árvores de nosso amplo quintal, que seria compartilhada pelos presentes. Após a preleção, o Mestre sentou-se à mesa, escutando os que o cercavam. Um a um, ocuparam o lugar a seu lado e com todos ele conversou, escutando-os, esclarecendo, consolando. Menos um... Elias buscou o assento mais distante, comendo pouco e mantendo-se calado. Parecia tão perdido!

Ligeiras brisas refrescavam a estrelada noite... O cansaço começava a tomar conta daqueles que haviam labutado durante todo o dia e também dos viajantes. Pedro ressonava debruçado sobre a tábua, os demais discípulos impacientavam-se, recolhendo pergaminhos, achegando-se do calor da fogueira... O Mestre prosseguia, sem demonstrar pressa. Em breve, as pessoas foram seguindo para suas casas e pressenti o momento em que Elias também partiria na direção do alojamento, desprezando a oportunidade de conhecer Jesus. Quis ir até ele, tomá-lo pelas mãos e conduzi-lo até o Amigo... Mas Jesus já se antecipava, rodeando a longa mesa, indo ao encontro de Elias, tomando-o pelos ombros, conduzindo-o a um ponto onde solitário e distante banco propiciaria secreto colóquio.

Maravilhosa lição! Por mais que evitemos o encontro com o Mestre, Ele irá até nós, pois conhece nossas dores, nossos receios, nossa falta de fé...

Depois daquela noite, não mais senti solidão nos olhos de Elias...

Jesus permaneceu conosco por uma semana e o rapaz se tornou seu mais atento ouvinte, com ele aprendendo as verdades que libertam. Quando a colheita findou, Lázaro julgou conveniente continuar com ele em nossa propriedade, pois profundos vínculos nos uniam, resultantes daquilo que o Mestre denominava afinidades espirituais.

Tempos depois, Jesus concedeu-nos novamente a alegria de sua presença. A Galileia era-lhe extremamente cara pela afetuosidade sincera de seus habitantes, pela singeleza despretensiosa de sua natureza em festa. Ali Ele hauria forças para prosseguir em sua árdua trajetória, conversando com pessoas que o amavam, banhando-se nas cristalinas águas, comendo os generosos frutos dos pomares, rindo e brincando com as crianças....

Seus olhos brilharam ao nos ver juntos, envolvendo meu esposo Elias em fraternal abraço, puxando-me a ponta do avental, abençoando nossa união!

Marta

Impressão:
Prol Editora Gráfica
(Barueri, SP)